쉴 때,
상처받지 않는
연습

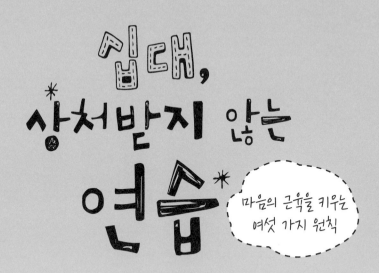

십대,
상처받지 않는
연습

마음의 근육을 키우는
여섯 가지 원칙

미즈시마 히로코 지음 | 황혜숙 옮김 | 고고도 그림

우리학교

웬만해선 상처받지 않는 마음 만들기

지금 여러분이 '나'에 대해 하는 생각, 친구들에 대해 하는 생각, 사회에 대해 하는 생각은 부모님이나 선생님 등의 어른들에게 영향을 받아 만들어졌습니다. 그중에는 합리적인 생각도 있겠지만 어른들이 가지고 있는 편견의 영향을 받기도 했겠지요.

누구나 어른들의 영향을 받으면서 어른이 되어갑니다. 하지만 십대는 자아를 만들어가는 시기입니다. 어른들의 사고방식과 가치관을 얼마든지 자기만의 사고방식과 가치관으로 바꿔나갈 수 있습니다. 어른들이 힘든 삶을 살았다고 해서 여러분도 힘든 삶을 살 필요는 없습니다. 어른들의 생각이 여러분 세대에게는 맞지 않을 수도 있고요. 어른들에게 배울 수 있는 것은 배우되, 그들과 전혀 다른 사고방식을 가져도 괜찮습니다. 많은 것을 배우고, 경험하면서 자아를 만들어나가는 시기인 십대에는 가능한 일입니다.

십대가 되면 '나는 누구인가?'에 대한 생각을 서서히 하기 시작합니다. 나아가 친구와의 관계에서도 많은 영향을 받습니다. 그래서 친구와의 만남이 매우 즐거울 때도 있지만 많은 스트레스를 주기도 합니다. 또한 부모님과의 관계도 이전과는 확연히 달라집니다. 어른들의 보호 아래 자라던 여러분이 어른이 되어가는 시기이기 때문입니다. 이 책에서는 '나'에 대한 고민, 친구 관계에 대한 고민, 어른들과 사회에 대한 고민을 실제 십대들의 고민 상담 사례를 통해 살펴보고자 합니다.

제가 만난 많은 이십대 청년들은 "학교에서 이런 것을 가르쳐줬더라면 제 인생이 많이 달라졌을지도 몰라요."라는 말을 하곤 합니다. 그 말이 동기가 되어, 십대들이 더 이상 상처받지 않았으면 하는 진심을 담아 '웬만해선 상처받지 않는 마음'을 만드는 방법을 알려주기 위해 이 책을 쓰기로 마음먹었습니다. 많은 십대들이 이 책을 통해 자기다운 인생을 어떻게 찾을 수 있는지 알게 되기를 바랍니다.

상처받지 않는 마음을 갖게 되면, 그리고 자신과 주변 사람들에 대한 생각이 확고하게 자리 잡게 되면 여러분의 삶이 훨씬 나아질 수 있을 거예요. 또한 어른이 되어서도 평온한 삶을 살아갈 수 있을 거예요. 무엇보다 자기 자신을 좋아하게 될 거예요.

모쪼록 십대 여러분, 그리고 십대 때 상처받지 않는 마음을 만드는 법을 배우지 못한 사람들에게 이 책이 도움이 되기를 바랍니다.

미즈시마 히로코

:: 차례

제 1 장

상처받지 않는 마음을 만드는
여섯 개의 원칙

상처받지 않는 마음을 만드는
매우 중요한 원칙이 있어요
이 여섯 개의 원칙을 알면
삶이 훨씬 즐거워질 수 있답니다

상처받지 않는 마음을 만드는 매우 중요한 원칙이 있습니다. 이 원칙을 아느냐 모르느냐에 따라 앞으로의 삶이 편해질 수도, 힘들어질 수도 있습니다. 어른들도 이러한 마음의 원칙을 모르기 때문에 많은 스트레스를 받으며 살아가고 있습니다. 원칙은 단 여섯 개뿐입니다. 이 여섯 개의 원칙을 알면 앞으로의 삶이 훨씬 즐거워질 수 있답니다.

| 원칙1 |

부정적인 감정에도
제 역할이 있어요

우리가 기쁨과 슬픔, 노여움, 불안감, 초조함, 좌절감을 느끼는 것은 인간이 감정적인 동물이기 때문이에요. 그래서 기쁨과 같은 긍정적인 감정을 느낄 때는 기분이 좋지만, 화나고 불안해서 견딜 수 없을 때는 기분이 나빠질 수밖에 없습니다.

사람들은 자기 안에 부정적인 감정이 담겨 있다는 사실 자체를 참기 힘들어합니다. 또 '이런 감정은 나 자신이 나약하다는 증거야.'라고 생각하기도 합니다. 또는 긍정적으로 살아야 한다는 생각이 커서 애써 부정적인 감정을 없애려고 노력하는 사람도 있겠지요.

하지만 우리 안에 있는 모든 감정은 제 역할이 있습니다. 우리 몸이 느끼는 감각을 예로 들면 이해가 빠르겠지요. 아픔, 뜨거움, 가려움 등 우리는 여러 가지 감각을 느끼지요. 아픔과 같은 통증은 물론 기분 좋은 감각이 아닙니다. 하지만 통증을 느끼기 때문에 몸에 좋지 않은 일이 일어나고 있다는 사실을 알아차릴 수 있습니다. 그리고 통증의 원인을 제거하거나 치료함으로써 건강을 지킬 수가 있습니다.

'뜨겁다'는 감각을 예로 들어볼까요? 뜨거운 물건을 만지면 '앗 뜨거워!'라고 느끼기 때문에 물건에서 손을 떼게 됩니다. 만약 뜨거움을 느끼지 못한다면 뜨거운 물건을 계속 만지다가 화상을 입고 말겠지요. 이렇듯 통증이나 뜨거움 같은 불쾌한 감각은 그 자

체로는 조금도 달갑지 않습니다. 하지만 결과적으로 보면 그런 감각을 느낄 수 있기 때문에 우리는 우리의 몸을 지킬 수 있는 것입니다.

부정적인 감정도 마찬가지입니다. '분노'라는 감정은 몸이 느끼는 통증과도 같습니다. '화가 난다'는 것 역시, 자신에게 좋지 않은 일이 일어나고 있다는 증거입니다. 분노를 느끼기 때문에 그 원인을 없애거나 상처 입은 마음을 치유할 필요가 있다는 사실을 깨달을 수 있지요.

'불안'은 또 어떠한가요? 불안한 마음은 '내가 안전하지 않다'는 것을 알려주는 감정입니다. 낯선 장소에 가거나 낯선 사람과 있을 때 불안을 느끼는 것은 당연합니다. 낯선 장소 또는 낯선 사람이 안전한지 알 수 없기 때문이지요. 처음 가본 곳인데도 긴장하지 않았다가는 위험한 일을 당할지도 모릅니다.

결과적으로 자신을 지켜준다는 점에서 부정적인 감정은 몸의 통증과도 같습니다. 그러나 뜨거운 물건에서 손을 떼는 것처럼 부정적인 감정에는 바로 반응을 할 수 없습니다. 그렇기 때문에 싫다고 느끼면서도 어떻게 반응해야 할지 모르는 사람이 많습니다. 그리고 자신을 지키기는커녕 역효과가 나기도 하지요. 예를 들면, 분노로 화를 낼 때마다 점점 주위 사람과의 관계가 나빠지는 경우가 있을 수 있습니다. 또 너무 불안해서 아무 일도 하지 못하고, 그런 자신이 싫어서 참을 수 없는 사람도 있을 수 있습니다. 그렇기 때문에 여러분에게는 부정적인 감정이 제 역할을 할 수 있도록 하는 연습이 필요합니다.

'학교 다니랴, 학원 다니랴 가뜩이나 피곤한데 엄마는 눈만 마주치면 나한테 공부하라고 잔소리야.' '단짝 친구와 크게 다퉈서 요즘 사이가 멀어졌어.' '장래에 어떤 일을 해야 할지 모르겠어. 너무 불안해.' 등등 부정적인 감정이 왜 생겨났는지 생각해보는 습관을 들이면 여러분이 스스로를 지키기 위해 무엇을 해야 할지 쉽게 알 수 있습니다.

막연한 감정에서 '나는 화가 났어.' '나는 불안해.'라는 구체적인 감정을 알아내는 것도 도움이 됩니다. 구체적인 감정을 알면 그 감정에 맞춰 어떻게 해야 할지 알 수 있기 때문입니다. 나아가 '내 마음속 불안감이 분노로 바뀌어가고 있구나.'라며 복잡한 감정의 흐름을 이해할 수 있을지도 모릅니다.

이처럼 여러분이 지금 왜 부정적인 감정을 느끼고 있는지 밝혀내는 것이 우선입니다. 그렇게 자신을 주의 깊게 관찰하는 연습을 하다 보면 '항상 부정적인 나'를 싫어하는 감정으로부터 벗어나서 '내가 부정적인 데에는 다 이유가 있다.'라는 사실을 깨달을 수 있

습니다. 자신을 싫어하는 것이야말로 스스로에게 큰 상처를 주기 때문에 여러분을 지키는 가장 좋은 방법은 스스로를 좋아하는 것입니다.

우리의 삶은 감정을 어떻게 다루느냐에 따라 달라집니다. 감정을 잘 다룰 수 있게 되면 삶의 질은 훨씬 나아집니다. 막연하게 부정적인 감정을 안고 살아가기에는 십대에게 주어진 시간이 너무나 소중합니다. 부정적인 감정의 역할을 이해하게 되면 스트레스가 줄어들고 다른 사람들의 도움도 쉽게 받을 수 있습니다.

| 원칙2 |

화를 내는 사람은 어려움에 부딪친 사람이에요

누군가가 여러분에게 화를 내거나 잔소리, 또는 충고를 하면 기분이 어떤가요? 화가 나거나 상처를 받게 되지요. "우리 부모님은 워낙 잔소리가 심해서 웬만해서는 상처받지 않아."라고 이야기하는 사람도 있을지 모릅니다. 하지만 남이 나에게 화풀이를 하거나 싫은 소리를 하면 기분 나쁜 것이 당연합니다.

자, 여기에서 여러분이 기억해야 할 사실은 '내가 정당한 주장을 하고 있는데도 화를 내는 사람은 어려움에 부딪친 사람'이라는 것입니다. 모든 일이 자신에게 유리하게 돌아가고 있다면 화를 낼 필요가 없겠지요. 만약 상대방이 여러분에게 화를 내고 있다면 여러분은 '아, 저 사람은 지금 어려움에 부딪쳤구나.'라고 생각하면 됩니다. '너 때문이야!'라는 말은 실은 '나 좀 어떻게든 해줘!'라는 비명인 것입니다.

화를 내는 게 아니라 교육을 위해 일부러 엄격하게 대하는 거라고 이야기하는 어른들이 있을 수 있습니다. 하지만 정말 교육적으로 엄격한 사람은 절대로 감정에 치우치지 않습니다. 하물며 상대의 인격을 무시하는 말은 절대로 하지 않습니다.

화를 내는 사람은 어려움에 부딪친 사람이라는 것은 여러분에게도 해당됩니다. '어려움'이라는 말에는 많은 의미가 함축되어 있습니다. 예를 들면, '어? 이게 아닌데…….'라고 생각하게 되는 상황이 벌어졌을 때가 바로 어려움에 부딪친 상황입니다. 누군가 때문에 갑자기 일정이 바뀌었거나, 잘될 줄 알았던 일이 틀어지게 되면 이게 아니라는 생각이 들면서 화날 때가 있지 않나요?

시끄럽게 잔소리를 하는 사람은 어떤가요? 충고를 한다는 것은 '지금의 상황이 좋지 않으니 이렇게 바꾸는 게 어때?'라는 뜻이 담

겨 있습니다. 다시 말해서 누군가가 귀찮게 잔소리를 하거나 충고를 하는 이유는 현재 상황이 좋지 않다는 것을 강하게 느끼고 있기 때문입니다. 그런 의미에서 잔소리를 하거나 충고를 하는 사람 역시 현재 상황이 자신의 뜻대로 되지 않아 어려움에 부딪친 사람이라고 말할 수 있습니다.

'그 사람이 나에게 충고를 한 건데, 왜 그 사람이 어려움에 부딪친 거지?'라고 생각할 수도 있습니다. 하지만 결코 그렇지 않아요. 원칙3에서도 이야기하겠지만 사람의 행동에는 저마다 이유가 있습니다. 남의 사정을 생각하지도 않고 제멋대로 참견해서 상대방을 바꾸려 드는 사람은 원칙3을 위반하고 있는 셈입니다. "네가 너무 불쌍해서 도저히 보고만 있을 수 없어." "너무 느려터져서 참을 수 없어."라는 말로 충고하는 이유를 설명하지만 결국 자기 자신이 현재 상황을 참을 수가 없어서 상대를 바꾸려는 것입니다. 그래서 침범해서는 안 되는 상대의 영역에 들어가 이래라저래라 하게 되는 것입니다.

차라리 "○○한 이유로 어려움에 부딪쳤으니 도와줘."라고 한다면 이야기가 훨씬 간단하고 평화로울 텐데 말입니다. 또한 상대방이 도움을 요청하면 여러분도 여유를 가지고 대처할 수 있습니다. 예를 들면, 엄마가 성적이 오르지 않는 여러분에게 "맨날 놀기만

하니까 성적이 그 모양이지. 이런 성적으로 대학은 어떻게 갈 거야?"라고 혼내는 것이 아니라 "어떻게 하면 성적이 좋아질 수 있을까?"라고 이야기한다면 여러분도 스스로 반성하는 마음이 들지 않을까요?

사람들이 간단하고 평화롭게 이야기하지 못하고 상대방을 질책하듯이 이야기하는 이유는 도움을 요청하는 데 약간의 용기가 필요하기 때문입니다. 특히 어른들은 자신보다 어린 사람에게 도움을 요청하는 것을 힘들어합니다. 사실은 어른일수록 당당하게 도와달라고 이야기할 수 있어야 하는데 말이지요.

"어려움에 부딪쳤으니 도와줘."라고 말하지 못하고 화를 내거나 잔소리를 하면 듣는 사람은 자기도 모르게 '어차피 내가 잘못한 거야.'라며 상처를 입고 포기해버리거나, 자신을 지키기 위해 반격에 나서게 됩니다.

그러므로 나에게 화를 내는 사람, 성가시게 잔소리하는 사람, 무조건 주의부터 주는 사람을 만났을 때 '아, 이 사람은 뭔가 어려움에 부딪쳤구나.'라고 생각할 수 있다면 세상이 다르게 보이기 시작할 거예요.

사람의 행동에는
저마다 이유가 있어요

　　부모님에게 "사람은 OO해야 해, 이런 짓을 하면 남들이 어떻게 생각하겠어?"라는 말을 많이 듣고 자라게 되면 세상에는 바람직한 '인간상'이 존재한다고 생각하게 됩니다. 또한 그에 미치지 못하는 사람은 잘못된 사람이고, 자신도 그 잘못된 사람 중 하나라고 생각하게 됩니다.

　그러나 세상 어디에도 잘못된 사람은 없습니다. 그리고 누구나 자신에게 주어진 상황에 최선을 다한다는 사실을 명심해야 합니다. 이 말이 무슨 의미냐고요? 사람은 각자 다른 장점을 갖고 태어납니다. 올림픽에 출전하는 국가대표는 보통 사람보다 운동신경이 선천적으로 뛰어나고, 노벨상을 받은 과학자는 남들보다 탁월한 지적 능력을 타고납니다. 그밖에 성격이나 체질, 체형 등도 대부분 타고납니다. 물론 타고난 기질이 절대 변하지 않는 것은 아니기 때문에 후천적인 환경이나 노력의 영향을 받기도 합니다. 그러나 타고난 기질이 갑자기 180도로 바뀌는 일은 거의 없습니다.

　호기심이 강하거나 소심한 성격도 선천적으로 타고나는 부분이

많습니다. 그래서 호기심이 강한 사람이 호기심이 없는 사람으로 바뀔 수는 없습니다. 물론 그 반대의 경우도 마찬가지입니다. 그렇다면 여러분이 할 수 있는 일은 무엇일까요? 바로 '자신을 있는 그대로 받아들이는 것'입니다.

호기심이 강한 사람은 생각하는 것을 바로 행동으로 옮기고 싶어 하며, 그만큼 쉽게 싫증을 내는 특징이 있습니다. 그래서 어떤 일에 흥미를 느끼면 깊게 생각하지 않고 즉흥적으로 중요한 결정을 하거나 당장 실행에 옮기다가도 금방 싫증을 냅니다.

여러분이 호기심이 강한 사람이라고 가정해볼까요? 호기심이 많은 성격을 살려서 흥미를 느끼는 일에 당장 도전할 수 있습니다. 또는 자신의 성격을 누구보다 잘 알고 있기 때문에 오히려 중요한 일을 그 자리에서 결정하지 않고 하루 더 고민해볼 수도 있겠지요. 아니면 주변 사람들에게 적극적으로 의견을 구할 수 있습니다. 그러다 보면 스스로에게 자신감이 생기게 됩니다. 하지만 '나는 쉽게 싫증을 내서 뭘 해도 오래가지 못해.'라는 생각으로 미리 포기해버리면 스스로가 싫어지고 '이렇게 살아도 될까?'라는 의구심이 들게 될 거예요.

우리는 어떤 능력과 외모를 가지고 태어날지, 그리고 어떤 환경에서 어떤 부모님을 만나게 될지 스스로 선택할 수 없습니다. 마찬가지로 누가 같은 반이 될지, 누가 담임 선생님이 될지 스스로 선택할 수 없습니다. 살아가면서 스스로 선택할 수 없는 일이 의외로 많지 않나요? 우리는 이처럼 스스로 선택할 수 없는 일에 많은 영향을 받으며 살고 있습니다. 그러므로 마주치기만 해도 짜증 나는 사람이 있더라도 이것 하나만 기억하길 바랍니다. 그 사람이 원해서 남에게 짜증을 주는 사람이 된 것이 아니라는 사실을 말이지요. 여러분도 아마 그 사람과 똑같은 조건에서 태어나고, 똑같은 조건에서 자랐다면 그 사람처럼 될 가능성이 높습니다.

과거에 심한 학대나 왕따를 당한 사람은 대부분 사람에게 경계심을 보입니다. 또 상대방이 친절하게 건네는 말도 삐딱하게 받아들이곤 합니다. 누군가가 여러분에게 그런 태도를 보이면 '참 짜증 나는 사람이네.'라고 느끼는 것이 당연할 수도 있습니다. 하지만 '뭔가 사정이 있어서 이러는 거겠지.'라고 생각하는 습관을 들이면 그 사람 때문에 스트레스를 받는 일은 없을 것입니다.

또한 여러분이 특별히 잘못한 기억이 없는데도 상대방이 짜증을 낼 때에는 '나를 싫어하나?'라고 속상해할 것 없이 '짜증을 내는 이유가 있겠지.'라고 생각하면 상대방의 반응에 상처를 받는 일도 없어집니다.

어떤 일을 할 때 의욕이 생기지 않는다고 해서 게으르다고 자책

할 필요는 없습니다. 그보다는 자신에게 의욕이 생기지 않는 이유가 도대체 무엇인지 생각하는 편이 훨씬 생산적이지 않을까요? 남들이 보기에는 그렇지 않더라도 우리는 우리 앞에 놓인 모든 일에 최선을 다해 살고 있으니까요.

| 원칙4 |

충격을 받으면 자신감을 잃는 게 당연해요

사람은 예상치 못한 충격을 받으면 그 후로도 계속 같은 상황에서 같은 반응을 보이게 된다는 것은 잘 알려져 있지 않지만 매우 중요한 사실입니다. 긴장한 나머지 사람들 앞에서 횡설수설하는 실수를 해서 충격을 받았다고 가정해볼까요? 그러면 그 이후에도 사람들 앞에서 말하는 것이 무서워지고, 자신이 형편없는 사람이라는 생각에 사로잡히게 될 것입니다. 즉, 자신감을 잃고 마는 것이지요. 나아가 지금까지는 별로 의식하지 못했던 자신의 여러 가지 단점이 갑자기 눈에 들어올 것입니다.

이와 같은 반응은 스스로를 지키기 위해 인간이 가지고 있는 본

능입니다. 자신에게 좋지 않은 일이 일어나 충격을 받으면, 사람의 몸과 마음은 '더 이상 상처받지 않도록 해야지.' 하는 방어 자세에 돌입합니다. 즉, 사람들 앞에서 말을 하다가 충격을 받았기 때문에 다시는 충격을 받지 않기 위해 사람들 앞에서 말하게 되는 상황을 피하려고 합니다. 그래도 어쩔 수 없이 말해야 할 때는 몹시 두려움에 떨면서 사람들의 반응을 지나치게 신경 쓰게 됩니다. 또한 자신의 실수로 충격을 받았기 때문에 실수에 집착하기 시작합니다. 자신을 완벽하게 바꿔놓으면 앞으로는 상처받을 일이 없으리라 믿기 때문입니다.

물론 인간은 절대 완벽해질 수 없습니다. 아무리 완벽해지고자 노력해도 이런저런 결점이 눈에 들어옵니다. 그리고 계속 자신의 결점만 찾다 보면 결국 자신감을 잃고 맙니다. 많은 사람들이 이런 상태에서 헤어나오지 못하고 있습니다. 늘 자신감이 없고, 지금까지 자신이 한 일에 대해 후회하거나 비관적인 미래를 생각합니다.

충격을 받으면 누구나 좌절을 하게 됩니다. 팔꿈치를 어딘가에 부딪치면 '찡' 하면서 말로 표현할 수 없는 아픔을 느끼지요? 하지만 이처럼 불쾌한 고통도 시간이 지나면 아무렇지 않습니다. 충격을 받았을 때 느끼는 감정도 이러한 고통과 흡사합니다. 참고 있으면 언젠가는 사라집니다. '이렇게 형편없는 내가 제대로 살아갈

수 있을까?' 하고 절망에 빠지기 시작하면 점점 더 나쁜 방향으로 흘러갈 뿐입니다. 그러므로 충격을 받았다는 생각이 들 때는 그냥 가만히 있으세요. 아무리 큰 충격도 시간이 해결해준다는 사실을 꼭 기억하기 바랍니다. 그러면 자기혐오나 절망에 빠질 일이 없습니다. 믿을 수 있는 사람에게 "나 이런 충격적인 일이 있었어."라고 말하고 위로를 받는다면 더 빨리 회복할 수도 있습니다.

충격은 다양한 형태로 찾아오지만, 그중에서도 가장 큰 충격을 주는 것은 느닷없이 눈에 보이는 시각적인 정보입니다. 그런 의미에서 카카오톡이나 페이스북 등 SNS를 비롯한 인터넷은 매우 충격을 주기 쉬운 매체입니다. 어느 날 무심코 보게 된 스마트폰 화면에 자신의 험담이 쓰여 있다면 얼마나 충격적일까요? 그러므로 충격에 민감한 사람은 가능한 SNS를 멀리하는 편이 좋습니다. 카카오톡과 같은 SNS에서 받는 충격은 현실에서 받는 충격보다 더 크다는 사실을 꼭 기억하기 바랍니다.

| 원칙5 |

다른 사람에 대해
쉽게 단정 짓지 마세요

　　　　다른 사람에 대해 쉽게 단정 짓는 이들이 더러 있습니다. 이런 사람은 원칙3(사람의 행동에는 저마다 이유가 있어요)을 알지 못하기 때문에 그렇습니다.

상대방의 의도와는 상관없이 "어차피 넌 너밖에 모르잖아?"라고 일방적으로 판단해버립니다. 그런 사람을 상대하다 보면 불쾌하기 짝이 없지요.

사람들은 왜 이렇게 다른 사람에 대해 섣불리 판단하는 걸까요? 누구나 선입견을 가지고 살기 때문에 지금까지 겪은 삶의 경험을 토대로 사물을 바라보는 습관은 어쩔 수 없을지도 모릅니다. 그러나 '어쩌면 내 착각일지도 몰라, 무슨 일인지 일단 이야기라도 들어보자.'라고 생각할 수 있는 사람은 섣불리 판단하지 않습니다. 다른 사람을 쉽게 단정 짓는 이유는 잠시 멈춰 서서 생각할 수 있는 여유가 없기 때문입니다.

누군가 여러분을 단정 짓는다고 해서 반항하는 태도를 보이면 어떻게 될까요? 그렇지 않아도 마음의 여유가 없는 상대방을 더욱

궁지에 몰아넣어 선입견이 더 심해질지도 모릅니다. 그리고 결국 여러분을 어떤 사람이라고 단정 짓지 말았으면 하는 바람과는 점점 더 멀어지게 될 거예요.

이런 사람을 최대한 온화한 마음으로 대하려면 그 사람에 대해 섣불리 판단하지 말아야 합니다. 예를 들면, 상대방이 "넌 아직 어려서 어차피 대충대충 할 거야."라고 이야기할 때 "마음대로 단정 짓지 마세요!"라고 반박하는 것은 여러분도 똑같이 상대방을 단정 짓는 행위입니다.

상대방이 '넌 아직 어려서……'라고 말하는 이유는 그렇게 믿고 있기 때문인데 거기에다 대고 반대 의견을 강하게 이야기하면 어떻게 될까요? 세상 이치도 모르는 어린 녀석이 마음대로 이야기한다고 느낄 수 있습니다. 결국 '이래서 요즘 아이들은……'이라며 상대방의 아집만 더 세질지도 모릅니다.

이럴 때는 아예 '단정'의 연결 고리를 끊어버리세요. 그러기 위해 우선 온화하게 대답해볼까요? 예를 들어, "넌 어려서 어차피 대충대충 할 거야."라고 이야기하면 "아, 그렇게 생각하시는군요."라고 대답하세요. "너는 늘 중도에 포기하니까."라고 이야기하면 "아, 그렇게 생각할 수도 있겠네요."라고 대답하세요. 그렇게 대화를 끝낼 수 있으면 그것으로 족합니다.

이렇게 대답하면 여러분에 대한 상대방의 의견을 일단 받아들이지만, 인정한 것은 아닙니다. 단지 상대방이 그렇게 생각하고 있다는 사실만 확인하는 셈입니다. 아직 상대방이 한 말을 부정도 긍정도 하지 않았습니다.

자신의 의견은 그다음에 이야기해도 늦지 않습니다. "그렇게 보일지도 모르지만 나름대로 방법을 생각하고 있으니 조금만 지켜봐주세요."라는 식으로 상대방을 자극하지 않게 말을 하는 것이지요. 그러면 상대방은 자신의 의견을 받아들여 주었다는 생각에 어떤 말을 해도 순순히 받아들일 거예요.

| 원칙6 |

'나'를 주어로
말해요

사람은 저마다 사정이 있는데도 불구하고 남들이 여러분에 대해 섣불리 단정 지으면 화가 나고 상처도 입습니다. 여러분도 그럴 의도는 없었는데 남을 단정 지은 것처럼 보여서 상대방을 불쾌하게 만들었던 경험이 한 번쯤은 있을 거예요. 그리고 상대방

은 불쾌함을 드러내지는 않더라도 알게 모르게 여러분과 거리를 둘지도 모릅니다.

그렇다면 상대방을 단정 짓지 않고 대화하는 방법은 없을까요? 나만 알 수 있는 나의 사정은 내 영역이고, 상대방만 알 수 있는 상대방의 사정은 상대방의 영역입니다. 그래서 각자의 영역 안에서만 말하는 것, 그것이 바로 상대방을 단정 짓지 않고 대화하는 방법입니다.

예를 들면, "당신은 의외로 고집이 세군요."라는 말을 들으면 대부분의 사람들은 상처를 받습니다. 이는 상대방의 영역에 침범하는 것이기 때문에 한마디로 '쓸데없는 참견'이지요. 하지만 "(나는) 당신과 이야기하면 즐거워요, (나는) 체형에 대해 남들이 뭐라고 하면 울고 싶어져요."처럼 '나'를 주어로 말한다면 상대방은 굳이 자신의 영역을 지킬 필요가 없으므로 우호적으로 대해줄 거예요.

혹시 '나'를 주어로 이야기하는데도 상대방이 우호적이지 않다면, 얼핏 '나'를 주어로 이야기하는 것 같지만 실은 상대방에 대해 뭔가를 단정 짓고 이야기하고 있기 때문인지도 모릅니다. "나는 당신의 이런 방식이 싫어."라고 이야기를 하면 '나'를 주어로 말했을지라도 소용이 없습니다. 차라리 "너에게도 사정이 있겠지만 의논

한마디 없이 맘대로 결정하면 나는 아무짝에도 필요 없는 것 같다는 생각에 서글퍼져. 뭔가를 결정하기 전에 나에게도 의견을 물어봐주면 얼마나 좋을까."라고 말하는 편이 훨씬 설득력 있지 않을까요?

이것은 사실 원칙2의 입장을 바꿔본 것입니다. 원칙2에서 '화를 내는 사람은 어려움에 부딪친 사람'이라고 배운 것 기억나지요? 상대방은 내가 화냈다는 사실에 반발심만 생길 거예요. 차라리 "난 지금 어려움에 부딪쳐 있어."라고 솔직하게 전달하면 상대방이 친절한 마음을 먹게 할 수 있습니다.

2장부터는 이 여섯 개의 원칙이 실제 상황에서 어떻게 적용되는지, 십대들의 실제 고민을 해결하는 과정을 통해서 살펴보도록 해요.

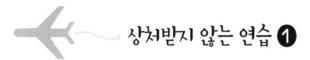
상처받지 않는 연습 ①

'너' 대신 '나'를 주어로 말해요

여러분은 가족 또는 친구들과 어떤 방법으로 대화를 나누나요? 오늘 다른 사람과 나눈 대화를 떠올려보세요. 혹시 아래와 같은 방법으로 대화하지는 않았나요?

> 1. "너 왜 이렇게 늦었냐?"
> 2. "엄마는 잔소리가 너무 심해."
> 3. "선생님은 맨날 나에게만 뭐라고 해."

위의 대화에는 공통점이 있습니다. 바로 '너(엄마는, 선생님은)'로 시작한다는 것이지요. 말을 어떻게 시작하느냐에 따라 대화의 방향이 아주 달라질 수 있습니다.

너 전달법, 즉 '너'로 말을 시작하면 상대방에 대한 해석과 평가가 되기 쉽습니다. 원칙5(다른 사람에 대해 쉽게 단정 짓지 마세요)에도 어긋나지요. 게다가 비난처럼 들려서 변명과 강요로 느낄 수도 있어요. 대신 원칙6, '나'를 주어로 말하는 나 전달법(I-MESSAGE)으로 대화하는 연습을 하세요. '나'를 주어로 상대방의 행동에 대한 자신의 생각이나 감정을 표현하는 거예요. 아래의 단계에 따라 '나'를 주어로 말해보세요.

> 1단계 상대방이 문제점으로 보는 상황이나 사실을 말합니다.
> 2단계 그 상황이나 사실이 주는 구체적 영향을 말합니다.
> 3단계 그다음 나의 생각과 감정을 말합니다.
> 4단계 마지막으로 내가 상대방에게 원하는 바람을 구체적으로 말합니다.

상황 1. 자꾸만 공부하라고 잔소리하는 부모님

너 전달법 : "엄마 잔소리 좀 그만하세요. 듣기 지겨워요."

나 전달법

1단계 _____

2단계 _____

3단계 _____

4단계 _____

상황 2. 나와 한 약속 시간에 늦는 친구

너 전달법 : "너는 왜 이렇게 자꾸 늦는 거야!"

나 전달법

1단계 _____

2단계 _____

3단계 _____

4단계 _____

 〈tip〉 '나'를 주어로 말하면 내 마음을 솔직하게 표현하기 때문에
상대방이 편하게 들을 수 있고, 도움도 이끌어낼 수 있답니다.

제 2 장

'나'에 대한
고민

내가 정말 하고 싶은 일이
무엇인지 알고 있는 사람이 얼마나 될까요?
그때그때 가장 자연스러워 보이는
일을 하면서 조금씩 자신에게
맞는 일을 찾아가세요

가치관과 인간관계를 만들어가는 시기인 십대에는 자기 자신에 대한 관심이 많습니다. 자신이 앞으로 사회생활을 잘할 수 있을지에 대해 심각하게 고민하기도 하지요.

또한 십대는 신체가 급격하게 변화하는 시기이기도 합니다. 간단히 말하면 아이의 몸에서 어른의 몸으로 변해갑니다. 그 과정에서 달갑지 않은 변화, 부끄러운 변화, 어떻게 대처해야 할지 모르는 변화도 있을 것입니다.

어릴 때는 남의 눈을 의식하지 않았지만 십대에는 남의 이목을 신경 쓰기 시작합니다. 나아가 사회에서 일어나는 다양한 사건이나 사고에 관한 뉴스를 보면서 어른이 되고 싶지 않아 하기도 하고, 자신의 미래에 대한 불안에 휩싸이기도 합니다.

2장에서는 그러한 십대가 '나'에 대해 갖는 고민거리들을 살펴보기로 할까요?

자꾸만 친구와 나를
비교하게 돼요

친구와 나를 비교하는 버릇이 있어요. 말을 재미있게 하는 친구나 잘 꾸미고 다니는 스타일 좋은 친구를 보면 자꾸 나와 비교하게 되고, 결국 좌절에 빠지게 돼요.

친구와 비교하는 습관은 자신감이 없는 성격에서 비롯됩니다. 하지만 친구와 비교한다고 해서 여러분이 얻는 것은 하나도 없습니다. 누군가와 비교를 하는 것과 동경하는 누군가처럼 되고 싶다는 마음은 다릅니다. 후자는 동기 부여와 목표로 이어지거든요.

성적이나 외모, 스타일이 자신보다 나은 친구와 비교하면 좌절에 빠지게 됩니다. 반면 자신보다 못한 친구와 비교해서 갖는 우월감은 자신보다 나은 친구가 나타나기 전까지 잠시 동안 누릴 수 있을 뿐이지요. 남과 비교해서 얻는 위안과 만족감은 순간적이며 오래가지 못합니다.

원칙3에서 이야기한 대로 사람의 행동에는 저마다 이유가 있습니다. 그리고 체형이나 재치 있는 말을 하는 능력은 어느 정도 선천적으로 타고납니다. 선천적으로 말을 재미있게 하는 친구나 스

타일이 좋은 친구와 자신을 비교하면 당연히 좌절하게 되고 자신 감이 없어집니다. 그러므로 남과 비교하기보다는 자신의 선천적인 능력과 지금까지 쏟아온 노력을 소중하게 여기는 것이 더 중요합니다.

그런 의미에서 저는 '횡적 비교'와 '종적 비교'라는 표현을 자주 씁니다. '횡적 비교'는 남과 비교하는 것입니다. 즉, 재미있는 친구나 스타일이 좋은 친구와 비교를 하게 되면 대부분 자신에게 열등감을 안겨주지요. 혹 자신이 우월하다고 생각될 때도 더 뛰어난 친구가 나타나면 그것으로 끝입니다.

반면에 '종적 비교'는 1년 전의 자신과 비교하는 것입니다. 자신이 얼마나 발전했는지 알아볼 수 있지요. 즉, 자신의 모습을 시간의 흐름에 따라 비교하고 변화한 점을 분석해보는 것입니다. '전에는 낯을 많이 가려서 사람들과 인사도 제대로 못했는데 지금은 할수 있어, 전에는 이럴 때 안절부절못했지만 지금은 신경 쓰지 않아.'와 같은 방법으로 옛날과 지금의 자신을 비교해보세요. 여러분의 긍정적인 변화를 찾아낼 수 있을 거예요. 시간의 흐름에 따라 자신의 성장을 되돌아보면 그때까지 일구어온 노력의 성과가 틀림없이 눈에 보일 거예요.

자신감을 가질 만한 게
아무것도 없어요

스타일이 좋은 친구나 똑똑한 친구, 당당하게 자기주장을 하는 친구들이 부러워요. 자신감을 갖고 싶지만 나에게는 내세울 만한 게 아무것도 없는 것 같아요. 이렇게 자신감 없는 내가 싫기도 하고요. 어떻게 하면 자신감이 생길 수 있을까요?

많은 사람들이 자신감을 갖고 싶어 합니다. 그래서 다이어트를 하거나 멋쟁이가 되려고 패션잡지를 열심히 뒤적이기도 하지요.

하지만 'OO만 하면 자신감이 생길 거야.'라는 생각은 어찌 보면 지금의 여러분을 부정하는 일입니다. 결과적으로 시간을 낭비하고, 각종 질병에 걸릴 수도 있게 하는 위험한 착각입니다.

예를 들어, '살을 빼면 자신감이 생길 거야.'라고 생각하면 지금의 살찐 모습을 좋아할 수 없을 뿐만 아니라 거식증에 걸릴 우려도 있습니다. 또 '지금은 살이 쪄서'라는 이유로 모든 일에 소극적으로 행동하게 됩니다. 이렇게 '지금'에 충실하지 않으면 점점 더 자신감을 잃고 맙니다.

기억하세요. '성과'(마른 몸)보다도 '삶의 방식'(지금 어떻게 살고 있는지)이 자신감을 키워준다는 것을요. 성과는 얼핏 자신감을 가져다주는 것 같습니다. 하지만 그렇게 얻은 자신감은 쉽게 잃을 수 있습니다. 여러분보다 더 많은 성과를 낸 사람이 나타날까 봐 항상 조바심이 나기도 하고요. 반면 현재의 삶에 충실하게 살아간다면 쉽게 좌절하지 않을 수 있습니다.

눈에 보이지 않는 삶의 방식은 남이 인정해주지 않을 것 같다고요? 그렇게 생각한다면 아직 자신감의 진정한 의미를 모른다는 이야기입니다. 남이 말로 해주는 인정은 진정한 자신감이 아닙니다. 물론 다른 사람이 자신감을 심어줄 때도 있습니다. "자네는 지금처럼만 하면 돼."처럼 있는 그대로의 나를 인정해주었을 때입니다. "OO를 할 수 있다니 대단해."와 같은 식의 칭찬은 앞에서 말한 횡적 비교로 이어질 뿐, 결코 진정한 자신감을 가져다주지 않습니다.

'내 OO한 점이 좋아.'와 같이 자신의 장점을 찾으려는 사람도 있습니다. 하지만 자신을 좋아한다는 것은 있는 그대로, 지금의 내 모습에 만족한다는 뜻입니다. 성과를 거두려면 아직도 갈 길이 멀지만, '지금은 이 정도면 됐어.'라고 만족할 수 있다면 여러분 스스로를 좀 더 사랑할 수 있겠지요?

'지금은 이 정도면 됐어.'라는 주문을 자주 걸어보세요. 매우 효과적입니다. 예를 들어, 남의 눈을 의식하지 않는 당당한 사람을

보면 '자신감이 부러워.'라는 생각이 듭니다. '왜 나는 이렇게 나약할까?'라고 느낄 수도 있습니다. 그러면 점점 자신이 형편없게 느껴지고 초라해집니다. 차라리 '언젠가 나도 저렇게 될 거야.'라는 목표를 정하는 게 어떨까요?

'지금은 이것으로 충분해. 언젠가는 저렇게 되어야지.'라고 생각을 바꿀 수 있다면 좌절하지 않을 수 있습니다. 여러분이 해외여행을 가고 싶다는 생각을 하고 있었는데 친구에게 "나 해외여행 가."라는 말을 들었다고 생각해보세요. 몹시 질투가 나고 우울해질 수도 있겠지요. 그런 감정은 원칙4에서 이야기한 것처럼 충격에 대한 자연스러운 반응입니다.

여러분이 지금 해외여행을 가지 못하는 것은 그만한 이유가 있어서입니다. 그러므로 '내 사정을 생각하면 지금은 갈 수 없지만 곧 해외여행을 가고 말 거야.'라고 생각을 바꾸면 의욕을 잃지 않을 수 있습니다.

하고 싶은 일이
뭔지 모르겠어요

하고 싶은 일을 찾으라는 말을 자주 듣지만 내가 하고 싶은 일이 뭔지 잘 모르겠어요. 이대로 가다가는 나다운 삶을 살 수 없을 것 같아서 불안해요.

유명하거나 사회적으로 성공한 사람 중에는 십대 때부터 하고 싶은 일이 뚜렷했고, 계속 한 우물을 판 이들이 많습니다. 그리고 대부분의 사람이 그들처럼 자신이 하고 싶은 일을 하면서 살고 싶어 합니다. "좋아하는 일을 직업으로 삼자."라는 말도 자주 들립니다. 하고 싶은 일을 하면서 살 수 있다면 더할 나위 없이 좋겠지요. 그런데 정작 대부분의 사람들은 자신이 앞으로 무엇을 하고 싶은지 잘 모릅니다. 무엇을 하고 싶은지 모르면 진로를 정할 때나 진학, 취업을 결정할 때 괴롭겠지요.

많은 어른들이 자신의 인생을 되돌아보았을 때, 십대에는 자신이 무엇을 하고 싶은지 몰랐다고 말하곤 합니다(저 또한 그랬습니다). 진학이나 취업을 생각하면 적어도 18세까지는 자신의 진로를 정해야 할 것만 같습니다. 그러나 그렇게 젊은 나이에, 사회 경험도 없는 상태에서 자신이 정말 하고 싶은 일이 무엇인지 알고 있는

사람이 얼마나 될까요?

　아직 무엇을 하고 싶은지 모르겠다면(오히려 이쪽이 더 수적으로 많다고 생각하지만) 하고 싶은 일을 찾기 위해 억지로 노력하지 마세요. 그보다 '그때그때 가장 자연스러워 보이는 일을 하면서 자신에게 맞는 일을 찾아가자.'라고 생각을 바꾸면 어떨까요? 어느 분야가 여러분에게 맞는지 모르겠다고요? 그럼 그중에서 가장 싫지 않은 일이나 자신이 쉽다고 느끼는 일을 찾아보세요. 하고 싶은 일이 무엇인지 모를 때는 그냥 흘러가는 대로 놔두면 됩니다.

　진학과 취업을 결정해야 하는 시기가 오면 갈림길에 서게 됩니다. 누군가는 대부분의 친구들처럼 대학에 진학합니다. 또 누군가는 집안 형편 때문에 대학을 포기하고 취업을 하기도 합니다. 그리고 나이를 먹으면서 사회 경험을 쌓아가게 되지요. 그 과정에서 여러분이 하고 싶은 일이 무엇인지 알게 될 수도 있어요. 지금 하고 있는 일에 만족할 수도 있고, 새로운 일에 도전할 수도 있어요. 그냥 그때그때 자연스럽다고 생각하는 것을 선택하면 됩니다.

　앞에서 자신감에 대해 이야기했지만, 결국 사람은 무엇을 했느냐보다 어떻게 했느냐에 따라 삶에 대한 만족도가 달라집니다. 눈부신 사업 실적이라는 성과보다 일할 때 보이는 성실함이나 상대방을 향한 한결같은 배려 등의 태도가 흔들리지 않는 자신감과 상

심하지 않는 마음, 그리고 삶에 대한 높은 만족도로 나타납니다. 그러므로 하고 싶은 일이 무엇인지 모르겠다고 해서 초조해하지 말고 일단 할 수 있는 일부터 시작해보세요.

실패가 두려워요

늘 자신감이 없어요. 수업 시간에 발표를 잘 못하면 어떻게 하나 걱정에 시달리고요. 실수라도 하면 친구들이 나를 어떻게 생각할지 걱정도 돼요. 그래서 항상 불안해요.

사람들 앞에 서면 누구나 긴장하기 마련입니다. 그러므로 발표를 잘할 수도 있지만, 잘 못할 수도 있어요. 만일 수업 시간에 발표를 잘하지 못했다고 해서 무시하거나 멀어지는 사람이 있다면 신경 쓰지 않아도 됩니다. 그 사람이 더 어려움에 부딪쳤다는 증거니까요.

'실수하면 모두가 나를 가망 없는 사람이라고 생각할 거야.'라는 믿음은 '자신 대 모두'라는 대립 관계를 만드는 데서 생깁니다. 하지만 결국 그들도 여러분과 같은 사람입니다. 만일 발표를 잘 못했다 하더라도 "너무 긴장해서 망쳐버렸어."라고 한마디만 하면 분위기가 부드러워집니다. 대부분 '아, 사람들 앞에 서서 긴장을 했구나!'라고 이해하며 따뜻하게 격려해줄 것입니다. 오히려 실수 하면 안 된다는 생각으로 혼자서 잔뜩 긴장만 하고 있으면, 주변에 여러분을 응원해주는 사람이 있다는 사실도 깨닫지 못하게 됩니다.

선생님도 마찬가지입니다. 사람들 앞에 서면 긴장한다는 사실 정도는 선생님도 알고 있습니다. 그러므로 실수를 걱정하기보다 "죄송합니다. 긴장해서 실수를 했는데 다시 해도 될까요?"라고 선생님에게 이야기해보세요. 오히려 객관적으로 판단할 줄 아는 냉철한 학생, 위기에 강하고 유연성이 있는 학생이라는 좋은 평가를 받을지도 모릅니다. 설령 발표 점수는 나쁘더라도 의사소통 능력이 좋다는 평가를 받을 수도 있으므로 자신감을 잃을 필요는 없습니다.

이처럼 '혹시 실수하더라도 괜찮아. 솔직하게 이야기하면 인간관계는 더 나아질지도 몰라.'라고 생각하면 불안한 마음이 한결 가벼워질 수 있답니다.

험담이 걱정돼요

특별활동부 대표로 열심히 하고는 있는데 뒤에서 친구들이 욕을 하지는 않는지 너무 걱정이 돼요.

'험담'은 누군가를 지목해 헐뜯고 욕한다는 뜻인 것 같지만, 그렇지 않습니다. 정말 특별활동부의 방침을 바꾸고 싶다면 회의를 통해 당당하게 의견을 말하면 됩니다. 그런데 뒤에서 험담을 한다는 것은 단순히 자신의 불만을 털어놓고 있다는 뜻입니다. 다른 사람에 대한 험담은 '사실은 내가 더 실력이 있는데, 사실은 내가 더 리더에 적합한데……'라는 식의, 채워지지 않은 자기애의 잘못된 표현 방식이 아닐까요? 속마음을 있는 그대로 말했다가 비난받을까 두려워서 자신이 상처받지 않도록 불만을 정당한 의견인 것처럼 말하는 것이지요.

"나는 ○○이 마음에 안 들어."라는 말 대신 "모두들 ○○이 마음에 안 든대."라고 말하는 사람도 많은데, 그것 또한 험담이나 마찬가지입니다. 자신의 의견을 당당하게 말할 자신이 없어서 '모두'라고 이야기하는 것입니다. "나는 ○○이 마음에 안 들어."라고 말하면 "어, 그건 좀 아니지 않아?"라는 반발을 살 수 있기 때문에 모두

라고 말하는 것입니다. 그러면 자신이 공격당하는 일은 없을 테니까요. 마치 모두의 의견인 듯 말했는데 상대방이 "어, 그건 좀 아니지 않아?"라고 반박하면, "응, 나도 모두의 생각에 동의하지는 않지만 말이야."라며 슬그머니 발을 빼려고 하는 것입니다.

만일 여러분이 특별활동부에서 임원을 맡고 있다면, 부원들의 의견을 들을 수 있는 정기적인 회의를 만들면 어떨까요? 회의를 통해 적극적으로 의견을 나누고 토론하면서 부원들의 이야기를 들어주고, 최대한 받아들이기 위해 노력하는 모습을 보여주세요. 그러면 부원들도 특별활동에 참가하려는 의욕이 생길 뿐만 아니라 리더인 여러분을 지지해줄 테니까요.

여러분이 책임을 질 수 있는 범위는 거기까지입니다. 이렇게 노력했는데도 험담을 듣는다면 그것은 이제 상대방의 문제입니다. 당당히 자신의 의견을 말하지 못하는 사람이 어딘가에서 불만을 털어놓고 있을 뿐입니다.

아무리 최선을 다해도 험담을 하는 사람이 한 명도 없을 수는 없습니다. 자신의 스트레스를 험담이라는 형태로밖에 드러낼 수 없는 사람은 어디에나 있기 마련이니까요. 사람은 저마다 스트레스 해소법이 있는데, 그 사람에게는 험담이 스트레스 해소법인 셈입니다. 물론 험담으로는 진정한 의미에서 스트레스가 해소되지 않겠지만요.

험담에 지나치게 신경 쓰면 상대방의 문제에 말려들게 됩니다. 기억하세요. 험담은 이미 여러분과는 상관없는 이야기라는 것을요. 의사의 힘을 빌리지 않고 병을 고칠 수 없는 것처럼, 혼자만의 힘으로 모든 험담을 없애지는 못한다고 스스로 선을 긋는 것이 현명한 방법입니다.

장래가 불안해요

어릴 때부터 운동만 해서 다른 일은 전혀 모르는데 어른이 되어서 사회생활을 잘할 수 있을지 걱정이에요. 운동할 때는 '열심히 하면 될 거야. 한 번 열심히 해보자.'라며 자신감에 차 있었는데 말이에요.

운동이나 예술 등 어릴 때부터 특별한 분야에서 성실히 실력을 닦아온 사람이 막상 사회에 나올 때 진로를 바꾸는 일이 종종 있습니다. 운동을 했던 사람이 사회에 나가서도 운동선수로 활약할 수 있다면 좋겠지만 현실적으로 전혀 다른 분야에 취직할 수도 있습니다. 하지만 운동을 했던 사람들은 대부분 끈기가 있으므로 무엇

을 해도 잘할 수 있다고 생각합니다. 물론 당사자는 매우 큰 변화의 과정을 겪어야 하겠지요.

환경이 변할 때, 인간은 대체로 비슷한 느낌을 받는다고 합니다. 원래의 환경에서는 안정적이고 긍정적인 느낌을 받지만 새로운 환경에서는 불안감을 느낍니다. 진로를 바꿔야 하는 사람도 마찬가지입니다. 한 번도 경험해본 적 없는 새로운 세계에 들어가는 것이므로 당연히 불안감을 느낄 수밖에 없습니다.

불안감은 자신이 안전하지 않다는 것을 알려주는 감정입니다. 소위 '긍정적인 변화'를 겪을 때도 마찬가지예요. 결혼은 경사스러운 일이지만, 동시에 '잘 해나갈 수 있을지 모르겠어, 혼자 살 때의 자유가 그리워.'라는 생각이 들기도 하는 것처럼 말이지요.

변화 앞에서 용감해지지 못하는 것은 어찌 보면 당연한 일입니다. 또한 불안하다고 해서 반드시 일을 그르치리란 법은 없습니다. 새로운 일을 시작하는 시기에 불안감을 느끼는 것과 실제로 일이 잘될지 안 될지는 상관없습니다. 큰 변화를 겪는 사람이라면 누구나 지금의 여러분처럼 불안해한다는 사실을 명심하기 바랍니다.

계속 운동만 해왔기 때문에 세상을 살아가기 위해 알아야 할 상식을 배우지 못했다고 생각할 수 있습니다. 하지만 그렇지 않습니다. 운동부도 하나의 사회니까요. 그 안에서 맺는 인간관계에도 상식이 많이 적용됩니다. 새로운 직업에서 필요한 상식은 조금씩, 차차 터득해나가면 그만입니다.

의사소통에는 상대방이라는 여러분의 편이 있다는 사실을 기억하세요. "지금까지 운동만 해서 잘 몰라요."라고 솔직하게 말하면 상식을 모르는 것이 큰 문제가 되지 않습니다. 오히려 '요즘 젊은이답지 않게 끈기가 있겠군.'이라며 좋게 비춰질 수 있습니다. 그러므로 자신의 배경을 설명해두는 것도 도움이 됩니다.

어떤 분야에서 일을 하든지, 건강은 자산입니다. 지금까지 운동에 전념해왔기 때문에 가능하다면 매일 훈련 프로그램을 만들어 체력을 유지하는 것도 좋은 방법입니다.

또 신뢰할 만한 사람과 이야기를 나누는 방법도 좋습니다. "투덜거리지 마!"라며 설교하는 사람은 피하고 "새로운 세계에 들어가면 불안한 법이지."라고 공감해주는 사람과 대화를 나누어보기 바랍니다.

남과 비교하는 대신 나 자신과 비교해요

2장에서 남과 나를 비교하는 것은 주변 사람들의 영향과 자신감이 없는 습관에서 생긴다고 배웠습니다. 이것을 '횡적 비교'라고 했지요. 누군가와 아무런 비교도 하지 않고 당당하게 살기란 쉽지 않습니다. 여러분은 남과 자신을 얼마나 비교하며 살고 있나요? 아래와 같은 상황에 맞닥뜨리게 된다면 여러분의 기분은 어떨지 생각해보세요.

> 1. 아름다운 외모를 가진 연예인이 텔레비전에 나오는 것을 봤을 때
>
> _____
>
> 2. 음악이나 미술, 체육 모두 재능이 있는 친구를 봤을 때
>
> _____
>
> 3. 공부 잘하는 엄마 친구의 아들(딸) 이야기를 들을 때
>
> _____
>
> 4. 또래 친구들에게 인기가 많은 친구와 같은 반이 됐을 때
>
> _____

이제 횡적 비교 대신 '종적 비교'를 해보세요. 즉, 1년 전의 나와 지금의 나를 비교해보는 겁니다. 단 1년 전 여러분의 모습을 돌아보고 더 나아진 점을 중심으로 비교해야 해요. 지금부터 1년 전 여러분의 모습을 차근차근 떠올려보세요.

♣ 1년전의 나와 지금의 나를 비교하는 연습 ♣

1년 전 나의 모습

1. 자전거를 잘 타지 못했다.

2.

3.

4.

지금 나의 모습

1. 조금씩 연습한 덕분에 이제는 자전거를 잘 탈 수 있다.

2.

3.

4.

 〈tip〉 횡적 비교를 했을 때와 종적 비교를 했을 때 느낌이 어떻게 다른가요?
여러분의 경쟁 상대는 남이 아니라 바로 여러분 자신이라는 것을 꼭 기억하세요.

제 3 장

친구 관계에 대한 고민

내가 잘못한 게 아닌데 미안하다고
말하기 싫을 수도 있습니다
하지만 '미안해'라는 말이 사과라기보다는
위로하는 말이라고 생각하면 어떨까요?

십대는 부모를 비롯한 기성세대와 거리를 두고 자신의 가치관과 인간관계를 만들어가는 시기입니다. 그래서 친구나 선배처럼 같은 세대인 사람들과의 관계가 매우 중요합니다. 대부분의 십대는 친구들과 몰려다니면서 그 세대가 알아야 할 것을 배웁니다. 또한 시행착오 속에서 인간관계를 배워나가지요. 사람의 행동에는 저마다 이유가 있다는 것(원칙3)도 십대에 들어서면서 배우기 시작합니다. 여럿이 몰려다님으로써 훨씬 친해지고, 상대방의 사정을 잘 알 수 있기 때문입니다.

과거부터 현재까지 젊은이들은 항상 무리 지어 다니면서 기성세대에 반기를 들곤 했었습니다. 친구와 몰려다니면 어른들로부터 받는 압력을 되받아치는 힘을 지닐 수 있기 때문입니다.

하지만 스마트폰과 SNS가 범람하는 요즘 사회는 어떨까요? 또래 집단에 들어가는 것이 오히려 스트레스가 되곤 합니다. 전에는

친구들과 함께 동경하던 선배를 흉내 내면서 나다운 모습을 찾아
가거나 어른에게 반항을 하곤 했습니다. 하지만 요즘은 또래 친구
들 사이에서 '모나지 않도록, 밀려나지 않도록' 늘 긴장해야 합니
다. 요즘 십대는 반항기가 줄었다고 말하지만, 그 역시 부모님과의
관계보다 친구 관계에 더 신경 쓰고 긴장해야 하기 때문인지도 모
릅니다.

이처럼 무척 중요하지만, 한편으로는 스트레스를 받는 친구 관
계를 조금이라도 편하게 만들기 위해서는 어떻게 해야 할지 3장에
서 살펴볼까요?

카카오톡, 페이스북······ 스트레스인데도 그만둘 수 없어요

카카오톡 대화창에서 친구들의 대화를 따라잡지 못할까 봐 신경이
쓰여요. 그래서 하루 종일 대화창만 바라보고 있어요. 스트레스를 받아서 그만두고
싶지만 친구들과의 대화에 어울리지 못할까 봐 그만둘 수도 없어요.

사람의 행동에는 저마다 이유가 있습니다(원칙3). 깊이 생각하

지 않고 행동부터 하는 사람이 있는가 하면, 자신이 납득하고 나서야 행동하는 사람도 있습니다. 카카오톡이나 페이스북과 같은 SNS도 마찬가지예요. 메시지를 끊임없이 보내는 것을 좋아하는 사람이 있는가 하면, 그런 속도에 적응이 잘 안 되는 사람도 있습니다.

SNS를 사용하면서 스트레스를 덜 받는 방법은 '나만의 속도'를 지키는 것입니다. 그러나 요즘 같은 SNS 시대에는 친구들의 화제에 뒤처지지 않고 동참하는 것을 중요하게 여기지요.

그렇다고 '나만의 속도'에 맞지 않는 행동을 하는 것은 자신을 소중히 하지 않는 것입니다. 자아를 형성하는 시기인 십대에는 자신에게 맞는 속도를 찾고, 그것을 소중히 지켜야 합니다. 때로는 무리해서라도 친구들의 속도를 따라잡는 게 재미있게 느껴질 수 있습니다. 그러나 무엇보다 어떤 속도로 살아가는 게 스스로에게 가장 좋은지 직접 경험해보는 것도 십대가 해야 할 과제 중 하나입니다.

카카오톡에서 친구들의 대화 속도를 따라가기 힘들면, 처음부터 "나는 선천적으로 반응이 느려." 하고 여러분만의 캐릭터를 만드는 것도 방법입니다.

사람들이 SNS의 대화창이나 업데이트 속도를 따라가지 못하는

사람, 혹은 메시지의 답장이 느린 사람을 싫어하는 이유는 '나를 무시하는 건가?' 하는 피해의식 때문입니다. 자신을 정말로 중요하게 여긴다면 다른 어떤 일보다 먼저 답장을 해야 한다고 생각하는 것이지요. 그래서 답장을 바로 하지 않는 이유가 자신을 중요하게 여기지 않기 때문이라고 믿습니다.

사람은 저마다 사정이 있다는 사실을 배우는 것도 십대에게 주어진 과제입니다. 십대에는 자신의 발언에 상대방이 별로 반응을 보이지 않으면 소외되고 무시당했다는 피해의식을 느낄 수 있습니다. 그리고 이런 사소한 일이 왕따 문제로 발전하기도 합니다.

그럴 때 "나도 네 속도를 따라가고 싶지만 선천적으로 반응이 느려서 그러지 못해."라고 이야기하면 상황이 달라집니다. 이것은 '나에게는 나만의 사정이 있어.'라고 이야기하는 것입니다. 그러면 여러분이 친구들의 속도를 따라가지 못하는 이유가 '네가 중요하지 않아서, 너에게 관심이 없어서'가 아니라는 것을 분명히 밝힐 수 있습니다. 그러면 상대방도 피해의식을 갖지 않을 수 있겠지요.

어떤 상황에서든지 '나만의 속도'를 지키는 것은 사회에 나가서도 도움이 됩니다. 다른 사람들의 속도에 휘둘리고 싶지 않을 때는 "내가 조금 반응이 느릴 때가 많아. 그래도 최선을 다하겠지만 마음에 안 들 때는 알려줘."라고 말해보세요. 그러면 상대방도 경계의 빗장을 내려놓겠지요?

험담에
어떻게 대처하면 좋을까요?

카카오톡에 누군가의 욕이 쓰여 있으면 '너무 심한 거 아니야?'라고 생각하면서도 나도 함께 욕하지 않으면 이번에는 내가 욕의 대상이 될까 봐 두려워서 어쩔 수 없이 함께 욕을 하게 돼요. 난 그 친구가 별로 싫지 않고, 욕을 하고 싶지도 않은데요.

험담은 인터넷에서도, 현실 사회에서도 매우 민감한 문제입니다. 특히 집단행동을 하는 십대는 가능한 무리에서 모나지 않게 행동하려는 심리가 있지요. 남을 험담하면서 동료 의식을 느끼는 사람들과 함께하지 않는 사람은 혼자 착한 척한다고 공격받을 수도 있습니다.

'나는 공격받고 싶지 않아. 하지만 험담도 하고 싶지 않아. 솔직히 왜 그렇게까지 욕을 하는지 이해할 수 없어.' 이런 상황에 처해 있다면 '투명인간'이 될 것을 권합니다. 여기에서 투명인간이란,

한 장소에 있지만 어색하고 불편하게 느껴지지 않는 존재를 말합니다.

예를 들면, 험담을 하는 사람에게 "험담은 좋지 않아!"라고 말하면 심한 갈등이 생길 거예요. 그렇다고 전혀 대화에 끼지 않는 것도 부자연스럽고요. 물론 함께 험담을 하면 당장은 어색함을 피할 수 있겠지요. 하지만 험담 내용이 돌고 돌아 당사자의 귀에 들어갈 수도 있습니다. 어떤 형태로든 험담의 결과는 자신이 책임을 져야 하는 법입니다. 또한 험담은 하면 할수록 자신도 누군가에게 험담을 들을지도 모른다는 망상에 사로잡히게 만듭니다.

이럴 때는 원칙2(화내는 사람은 어려움에 부딪친 사람이에요)와 원칙5(다른 사람에 대해 쉽게 단정 짓지 마세요)가 도움이 됩니다. 험담은 다른 사람을 단정 짓는 행동입니다. 게다가 듣는 사람도 결코 유쾌하지 않습니다. 그러므로 험담을 하는 사람은 '어려움에 부딪친 사람'이라고 볼 수 있습니다. 실제로 험담을 하는 당사자는 '그 사람의 성격이 나빠서 모두가 힘든 거야. 그러니 뭔가 조치를 취해야 해.'라는 마음일지도 모릅니다.

어려움에 부딪친 사람(험담하는 사람)에 대해 아무것도 단정 짓지 않는다는 말은 "힘들겠다." 또는 "당황스러웠지?"처럼 상대방이 지닌 불쾌한 마음에 대해 공감을 해준다는 의미예요. 험담의 대상에 대해서는 언급하지 말고, 그냥 험담하는 사람의 '힘든 마음'에 공감해주는 것으로 충분합니다.

험담을 하는 사람은 공감해주는 말을 들으면 여러분이 자신의 마음을 받아주었다고 안심합니다. 그리고 여러분은 험담을 하지 않아도 되므로 꺼림칙한 기분이 들지 않고요.

사람과 사람이 만나다 보면 언짢은 경험을 하거나 스트레스를 받는 일은 흔히 있습니다. 언짢은 경험을 한 사람을 위로해주는 것과 험담은 다릅니다.

이름을 써놓지는 않았지만 누가 봐도 나라고 알 수 있는 내용의 욕을 누군가 카카오톡에 써놓았어요.

험담의 대상이 여러분인 것 같은데 친구가 도대체 무슨 마음으로 그런 글을 올렸는지 전혀 이해할 수 없다고요? 다시 한 번 생각해보세요. 여러분에게는 잘못이 없다고 해도 친구는 틀림없이 언짢은 경험을 했을 거예요.

하지만 이름이 쓰여 있지도 않은데, 여러분이 먼저 반응을 보일 필요는 없습니다. 이때야말로 정말 투명인간이 되어야 합니다. 분

위기 파악을 못하고 "힘들겠구나!"라고 쓰면 친구를 더 화나게 만들겠지요. 차라리 아무 반응도 하지 않고 조용히 있는 편이 현명합니다.

그럴 때는 원칙2(화내는 사람은 어려움에 부딪친 사람이에요)를 떠올려보세요. 심한 행동을 하는 사람은 단순히 화가 난 것이 아니라, 현재 생활에서 상당한 스트레스를 받고 있을 수 있습니다. 남을 존중하지 못하는 사람은 자기 자신도 제대로 존중받지 못하는 경우가 많기 때문입니다. 스트레스나 자신감 부족이 부정적인 행동으로 나타난다는 사실을 알면 여러분보다 훨씬 힘든 사람이라고 가엾게 여길 수 있습니다.

원칙4(충격을 받으면 자신감을 잃는 게 당연해요)에서 설명한 대로 원래 SNS를 비롯한 인터넷의 정보는 그 어떤 매체보다 충격적인 법입니다. 컴퓨터를 켜자마자 예상치 못한 내용이 갑자기 눈에 들어오면 엄청난 충격에 휩싸일 수 있습니다.

카카오톡 등 인터넷에서의 험담은 직접 말로 듣는 것 이상으로 타격을 줍니다. 아무리 친구를 이해하려고 해도 충격을 받을 수밖에 없지요. 그럴 때는 애써 강한 척할 필요가 없습니다. 글을 쓴 친구에게 직접 반응하지 말고 마음을 털어놓을 수 있는 누군가에게 속마음을 털어놓고 충격이 가라앉기를 기다려야 합니다. 여러분

스스로를 꾸짖거나 나무라지는 마세요. 여러분에게 정말로 고쳐야 할 점이 있다면 인격적으로 더 나은 사람(믿을 수 있는 사람)이 더 좋은 방법으로 알려줄 테니까요.

문제는 여러분에 대한 험담이 쓰여 있는 카카오톡을 완전히 차단할 수 없다는 것입니다. 그러니 투명인간이 됩시다. 여러분이 관심 있는 이야기에는 함께하지만, 험담처럼 참여하고 싶지 않은 이야기를 나눌 때는 최대한 존재감이 없는 투명인간이 되어보자고요. 어떤가요? 할 수 있겠지요?

카카오톡, 메시지……
바로 답장이 오지 않으면 신경 쓰여요

메시지를 보냈는데 친구에게 답장이 오지 않으면 굉장히 불안해져요. 나는 바로바로 답장을 하거든요.

원칙3(사람의 행동에는 저마다 이유가 있어요)을 다시 한 번 되새겨볼까요? 여러분에게 '나만의 속도'가 있는 것처럼 친구에게도 '나만의 속도'가 있습니다. 여러분은 바로바로 답장을 하지 않으

면 직성이 풀리지 않지만 친구는 반응이 좀 더딜 수 있어요. 평소에 바로바로 답장을 하던 친구라면, 오늘 무슨 일이 있거나 상태가 안 좋아서 그럴 수도 있고요.

친구가 왜 답장을 안 했는지는 시간이 지나야 알 수 있습니다. 아니, 시간이 지나도 모를 수 있습니다. 그것은 어디까지나 친구의 영역이기 때문에 '왜 답장을 안 하는 거지? 나를 무시하는 거야?' 라고 단정 지어서는 안 됩니다. 친구가 여러분을 어떻게 생각하고 있는지는 오래 사귀어보고 판단하는 편이 현명하지 않을까요?

누구나 마음의 여유가 있을 때는 남에게 친절하게 대하지만, 그렇지 않을 때는 자신의 일밖에 생각하지 못합니다. 여러분에게 '나만의 사정이나 반응하는 속도'가 있는 것처럼 친구도 마찬가지라고 이해하세요. '뭐야, 나는 어찌돼도 상관없다는 거야?' '나를 싫어하나?'라고 생각하기 시작하면 불필요한 피해망상에 빠질 수 있습니다.

여러분 중에는 남이 어떻게 생각할지 두려워서 바로바로 답장을 하는 사람이 있을 수도 있어요. 그럴 때는 '모두의 속도에 따라가고 싶어도 선천적으로 무디고 반응이 느리다.'와 같이 여러분만의 캐릭터를 만드는 방법으로 '나만의 속도'를 유지하기 바랍니다. 조금 늦더라도 반드시 성실하게 답장해준다는 자세만 변함없다면 주변 친구들도 이해해줄 테니까요.

메시지로 친구에게
구속당해요

오늘 아르바이트를 해야 해서 메시지에 답장을 못한다고 친구에게 미리 말했는데도 자꾸만 메시지가 와요. 바로 답장을 안 하면 친구가 화를 내거나, 왕따를 당할 수도 있을 것 같아 불안해요.

원칙2(화내는 사람은 어려움에 부딪친 사람이에요)를 떠올려보세요. 남의 말을 귀담아듣지 않거나 잊어버려서 메시지를 보냈는데 답장이 안 왔다고 화를 내는 친구는 어려움에 부딪친 사람입니다.

화를 낸다는 것은 여러분이 메시지에 답장을 못한다고 이야기한 사실을 잊었다는 증거입니다. 그 사실을 인정하지 않고 화를 내는 것이지요. 그런 친구에게 "내가 미리 말했잖아?"라고 이야기하면 친구의 화만 돋울 뿐입니다. "모두 네 잘못인데 왜 나한테 뭐라고 하는 거야?"라고 이야기하는 것이나 다름없기 때문입니다.

여러분이 친구의 잘못을 이야기하면 친구는 점점 더 어려움에

빠지게 됩니다. 그래서 제3자와 한편이 되어 집단으로 공격함으로써 자신을 지키고자 하는 심리가 작용합니다(그렇다고 해서 동조해도 된다는 말은 아닙니다).

이럴 때는 "미안해."라고 가볍게 이야기하면 어떨까요? 그냥 친구의 곤란한 상황에 공감을 표시하는 것이지요. 이때의 "미안해."는 여러분이 잘못했다고 인정하는 사과의 말이 아닙니다. 한 발짝 양보해서 어려움에 처한 친구를 위로해주는 말입니다. 화를 내는 친구에게 "내가 미리 말했잖아?"라고 맞받아치는 것은 옳고 그름을 따지는 행위입니다. 그러면 친구는 "그런 말 들은 적 없어. 그리고 아무리 바빠도 답장 정도는 할 수 있는 거 아니야?"라고 이야기하겠지요. 결국 두 사람의 말다툼이 될 뿐입니다.

친구의 기분에 공감해주려면, 친구가 하는 말이 옳은지 따지기보다 나에게 메시지를 보냈는데 답장을 받지 못해 화가 났다는 사실에만 주목하세요. "힘들겠구나?"라고 말하면 남의 이야기를 하는 것처럼 성의 없게 들리니, "미안, 미안. 아르바이트 중이었어." 또는 "지난번에 아르바이트한다고 말했던 것 같은데 전달이 잘 안되었나 봐. 미안해." 하는 식으로요.

사람의 행동에는 저마다 이유가 있어서(원칙3) 남의 일정을 일일이 기억하지 못합니다. 그러므로 어느 쪽이 옳고 그른지에 지나

치게 신경 쓰지 마세요. 상대방을 '옳지 않은 사람'으로 보지 말고 '어려움에 부딪친 사람'으로 보면 서로에게 상처를 주지 않을 뿐만 아니라 관계 개선에도 도움이 됩니다.

여러분이 잘못한 게 아닌데 미안하다고 말하기 싫을 수도 있습니다. 하지만 "미안해."라는 말이 사과라기보다는 위로하는 말이라고 생각하면 어떨까요? 진정한 어른만이 마음의 여유가 없는 상대방을 배려해줄 수 있으니까요.

급한 메시지라고 해서 확인했는데 별일 아니었어요. 이래저래 구속당하는 것 같아서 정말 피곤해요.

십대들이 친구 관계에서 받는 가장 큰 스트레스 중에 하나가 구속당하는 것입니다. 혼자 행동하고 싶어도 "우린 친구니까 함께해야 해."라며 강요합니다. 전화도 매일 옵니다. 빨리 메시지를 확인하라고 재촉하기도 하고요. 여러분도 친구들의 이런저런 구속에 스트레스를 받고 있지는 않나요? 구속받기 싫지만 거절하면 뒤에서 내 험담을 하거나, 왕따당할지도 모른다는 두려움이 있을 수 있습니다. 학교와 집 이외에 달리 갈 곳이 없는 십대들이기에 더 큰 고민이 되기도 합니다.

어른이 되면 회사나 지역사회, 취미 활동 모임이나 동창회를 통해 많은 사람들을 만날 수 있습니다. 귀찮은 친구와 소원해져도 다른 곳에서 좋은 친구를 만날 기회가 있지요.

하지만 십대에는 친구들과 등을 져서는 안 됩니다. 이럴 때는 차라리 자신의 성격을 밝혀보면 어떨까요? 68쪽에서 "나는 선천적으로 반응이 느려."라고 말하라고 했는데, 더 나아가 "나 이런 거 잘 못해. 그래서 남자 친구가 안 생기나?" "게으름뱅이라서 집에서 뒹굴거리다 보면 메시지가 온 줄도 모른다니까."처럼 자신의 성격 탓으로 돌리면 친구를 결코 자극하지 않습니다.

아니면 반대로 "너는 메시지를 자주 보내네. 어떻게 하면 이렇게 부지런할 수 있니?"라고 친구를 칭찬해보면 어떨까요? 아이나 어른이나 칭찬받아서 기분 나쁜 사람은 없습니다. 어렵고 힘든 상황에 놓였을 때는 상대방을 칭찬하는 방법, 정말 유용하지 않을까요?

상처받지 않는 연습 ❸

친구의 말에 공감해줘요

십대에게 친구는 인간관계의 전부가 되기도 합니다. 아래 질문에 답해보며
여러분의 친구 관계를 점검해보세요.

1. 현재 친한 친구가 _____ 명 있다.
2. 친구들과 하루 _____ 시간 정도 함께 보내고 있다.
3. 친구들과 만나서 가장 많이 하는 것은 _____ 이다.
4. 친구와 가장 많이 싸우는 이유는 _____ 이다.
5. 친구와 싸운 후 주로 내가 먼저 화해하자고 한다. (그렇다, 아니다)
6. 친구들과 가장 많이 대화를 나누는 SNS는 _____ 이다.
7. 친구와 SNS로 대화하는 시간은 보통 _____ 정도이다.
8. 친구에게 메시지를 보낸 후 _____ 분 또는 _____ 시간 안에 답장을
   받아야 불안하지 않다.
9. 내가 보낸 메시지에 친구가 답장을 보내지 않을 때 나는 _____
   _____ 라고 생각한다.
10. SNS에서 친구들의 대화 속도를 따라가지 못해 답답한 적이 있다. (그렇다, 아니다)
11. 친구들이 다른 친구를 험담하는 자리에 같이 있었던 적이 있다. (그렇다, 아니다)
    이때, 나의 기분은 _____ 했다.
12. 다른 친구들이 나의 험담을 하는 것을 듣거나 본 적이 있다.(그렇다, 아니다)
    이때, 나의 기분은 _____ 했다.

♣ 친구에게 공감하는 연습 ♣

친구들이 카카오톡에서 누군가를 험담하는 채팅을 하고 있다면 어떻게 해야 할까요? 이럴 땐 험담 대상에 대해서는 이야기하지 말고, 험담을 하는 친구들의 불쾌한 마음에만 공감을 표시하면 됩니다. 아래 대화창에 직접 써보세요.

누군가를 험담하고 있는 친구

친구1 아 진짜 ◯◯ 짜증 나! 뭐 한 번 하려면 느려터져서 답답해죽겠어.

친구2 그러니까 말야. ◯◯하고는 뭐든 하고 싶지 않아.

　　　 우리만 손해 본다니까.

친구3 ㅋㅋㅋㅋㅋ 걔하고 같이하려는 애가 있을까?

나 _____

친구가 나에게 메시지를 보냈는데 답장을 하지 않았다고 화를 낸다면 어떻게 해야 할까요? 이럴 땐 친구의 곤란한 상황에 공감을 표시하면 됩니다. 아래 대화창에 직접 써보세요.

메시지 답장을 안 했다고 화를 내는 친구

친구 왜 메시지를 보냈는데 답장을 안 해? 내가 그렇게 우스워?

나 _____

 〈tip〉 '내가 잘못한 게 아닌데, 그래서 나도 화가 나는데 왜 내가 친구에게 공감하는 말을 해야 해?'라고 생각할 수 있어요. 하지만 친구에게 건네는 위로의 말이라고 생각하면 어떨까요? 서로에게 상처를 주지 않을 뿐만 아니라 관계 개선에도 도움이 될 거예요.

제 4 장

어른들과
사회에 대한 고민

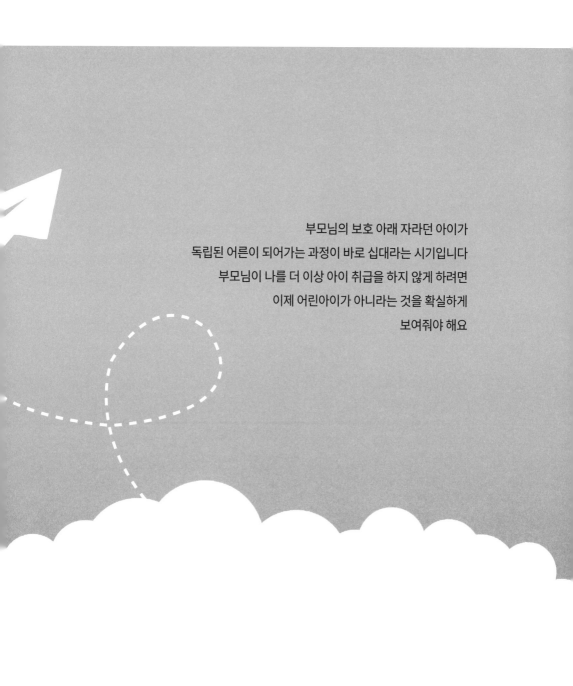

부모님의 보호 아래 자라던 아이가
독립된 어른이 되어가는 과정이 바로 십대라는 시기입니다
부모님이 나를 더 이상 아이 취급을 하지 않게 하려면
이제 어린아이가 아니라는 것을 확실하게
보여줘야 해요

"어릴 때는 어른들이 하는 말을 순수하게 받아들였는데 요즘에는 자꾸 반항심이 들어요.""어른들이 하는 말이 틀린 것 같고 쓸데없다고 생각돼요.""잘난 척하는 어른들을 보면 굉장히 화가 나요."

이런 감정을 지닌 십대가 많습니다. '들어가며'에서도 말했지만 어른들의 보호 아래 자라던 아이가 독립된 어른이 되어가는 과정이기 때문이지요. 어른들의 말을 받아들이기 힘들다면 자기 나름대로 판단을 해보세요. 아무것도 하지 않고 계속 속만 끓이면 스트레스만 쌓일 뿐이고, 문제는 해결되지 않습니다. "그러니까 넌 아직 어리다는 거야."라는 말만 듣겠지요.

4장에서는 어른들과의 관계에 대한 고민을 살펴볼까요?

부모님의
잔소리가 심해요

부모님의 잔소리가 너무 심해요. 다른 친구들 부모님은 허락하는 일도 우리 부모님은 허락해주지도 않고요. 나를 전혀 믿어주지 않는 것 같아서 속상해요.

부모님이 잔소리를 심하게 하는 데는 여러 가지 이유가 있을 수 있습니다. '우리 부모님은 왜 이럴까?'라고 화를 내기 전에 원칙2 (화내는 사람은 어려움에 부딪친 사람이에요)를 떠올리세요.

아이들이 크면서 점차 자유로워지고 자기만의 세상을 넓혀가는 것은 지극히 건전하고 자연스러운 과정입니다. 그러나 아이의 안전을 걱정하는 부모님에게는 불안을 안겨주기도 하지요. '사건에 휘말리기라도 하면 어쩌나.' '나쁜 친구를 사귀면 어쩌나.' '저런 반항적인 태도를 지닌 채로 어른이 되어 사회에서 따돌림을 당하면 어쩌나……'라는 생각에 걱정이 끊이질 않습니다. 한마디로 여러분은 서서히 어른이 되어가는데, 부모님은 언제까지나 여러분을 어린아이로 보기 때문에 불안해하고 간섭하는 것입니다.

이때 여러분이 귀찮아하거나 반항적인 태도를 보이면 부모님은 점점 더 불안해집니다. '역시 우리 아이에게 뭔가 안 좋은 일이 있

는 거야.' '틀림없이 나쁜 친구를 사귀고 있을 거야.' '이런 태도로 사회생활을 어떻게 하지? 밖에서도 이러면 친구가 안 생길 텐데.' 라는 걱정에 휩싸입니다.

부모님이 잔소리를 줄이고 여러분을 더 이상 어린아이 취급하지 않게 하려면, 이제 어린아이가 아니라는 것을 확실하게 보여줘야 합니다. 부모님이 이런저런 잔소리를 하면 "걱정되시겠지만 저도 이제 어린아이가 아니니까 지켜봐주세요. 제게도 생각이 있어요." "저도 그 정도는 알고 있으니 걱정 마세요."라고 조용히 말해 보세요.

부모님이 여러분을 믿어주지 않으면 그런 태도를 취하는 게 쉽지는 않겠지요. 그럴 때는 부모님을 '소중한 자녀의 안전을 염려하는 어려움에 처한 사람'으로 보고 '조금이라도 안심시켜 드려야지.' 하는 마음을 가져보세요. 그러면 부모님들은 '우리 아이가 의외로 듬직하네?' '이제 좀 정신 차렸나 보군.' '다 컸네!'라고 생각하며 스스로 알아서 하게 내버려두어야겠다는 생각을 할지도 모릅니다.

부모님이
공부 이야기만 해요

부모님은 입만 열면 나한테 공부하라고 해요. 좋은 대학에 들어가는 게 성공이라고 믿는 것 같아요. 하지만 부모님 시대와는 달리 요즘은 좋은 대학에 들어간다고 해도 성공한다는 보장이 별로 없는 것 같아요. 다른 고민도 많은데 부모님이 공부 이야기만 하니 스트레스가 쌓여요.

공부하라는 잔소리가 심한 부모님은 원칙2(화를 내는 사람은 어려움에 부딪친 사람이에요)에 해당합니다. 부모님은 좋은 대학을 나와서 나름 성공한 인생을 살고 있다고 생각하는데, 우리 아이는 공부에 대한 의욕이 없어 보이니 걱정스러울 수 있습니다. 반대로 부모님이 배우지 못해 고생했으니 우리 아이만큼은 잘되길 바라는 마음에 불안을 느낄 수도 있고요. 두 경우 모두 '학력이 인생을 좌우한다.'라는 굳은 믿음 때문에 어려움에 처한 것만은 틀림없습니다.

부모님이 만일 '삶이란 예측할 수 없는 거야. 하지만 주변 사람들과 서로 도우며 살다 보면 어떤 어려움도 극복할 수 있겠지. 제일 중요한 것은 내면이야.'라는 강한 신념을 가졌다면, 여러분에게

공부에 대한 지나친 스트레스를 주지 않을 거예요. 여러분의 장래를 장기적인 안목으로 바라볼 여유가 있으니까요.

앞의 경우에서도 말했던 것처럼, 이제 어린아이가 아니니까 스스로 판단하고 책임질 수 있다는 것을 부모님에게 전달하세요. "저에게도 생각이 있으니 걱정 마세요. 공부하라고 말하지 않아도 제가 알아서 하고 있어요."라는 말로 부모님을 안심시킬 수 있습니다. 아니면 차라리 "공부하라고 자꾸 다그치면 오히려 스트레스를 받아서 의욕이 사라져요. 당분간 아무 말도 하지 말아주세요."라고 부탁해보면 어떨까요? 여러분이 이유도 없이 공부를 하지 않거나 게으름을 피우는 것이 아니라, 자신의 입장을 잘 이해하고 미래에 대해 깊이 생각하고 있다는 사실만 알아도 부모님의 마음은 편안해질 수 있습니다.

어려움에 처한 부모님은 '나처럼 우리 아이도 공부를 못해서 삶이 고달프면 어쩌지?'라고 불안해합니다. 하지만 시험을 잘 보고 못 보고는 부모님의 책임이 아닙니다. 어른이 된다는 것은 스스로 인생을 책임질 수 있다는 거예요. 어른이 되기 위한 첫걸음은 "이 학교에는 별로 들어갈 마음이 없어요. 무리하다 보면 오히려 병이 날 것 같아요." "이 대학에 견학을 갔었는데 이과 수업이 굉장히 흥미로워서 꼭 진학하고 싶어요." "이 학교는 축구팀이 유명하니까

이 학교로 진학하게 해주세요."라고 당당하게 자신의 의견을 말하는 것부터 시작됩니다.

부모님이 최고라고 믿는 인생이 여러분에게도 반드시 최고가 아닐 수 있습니다. 여러분은 다양한 실패를 경험하면서 자신만의 '최고의 인생'을 스스로 만들어가야 합니다.

'요즘 아이들은' 하고 단정 짓는 것이 싫어요

조금만 실수해도 "이래서 요즘 아이들은 안 돼."라는 말을 듣게 돼요. 나에 대해서 단정 짓는 이야기를 들으면 화가 나요. 제대로 가르쳐주면 나도 잘할 수 있는데······.

어른들이 여러분에게 "이래서 요즘 아이들은······."이라고 단정 짓는다고 해도 여러분은 상대방을 단정 짓지 않아야 합니다. "그렇게 단정 짓지 마세요!"라고 말하고 싶겠지만, 그렇게 말해버리면 이번에는 여러분이 상대방을 단정 짓는 꼴이 됩니다.

어른들이 "이래서 요즘 아이들은······."이라고 말하면 무엇을 어떻게 고쳐야 좋을지 알 수 없습니다. 그럴 때는 일단 "죄송합니다."라고 사과한 다음, "저도 잘하고 싶은데 어떻게 해야 할지 가르쳐 주시겠어요?"라고 요청하세요. "이런 식으로 하면 곤란하니 이렇게 고쳐." 대신 "이래서 요즘 아이들은……"이라고 말하는 사람은 어려움에 부딪친 자신을 잘 표현하지 못하는 사람입니다. 즉, 곤란한 상황을 어떻게 해야 할지 모르는, 의사소통 능력이 부족한 사람이라고 보면 안쓰럽기까지 합니다.

또 어떤 시대든지 "이래서 요즘 아이들은……"이라며 십대를 비난하는 어른들이 있습니다. 그럴 때는 "그런 말을 들으면 정말 속상해요. 부모님 세대에 태어났더라면 좋았을 것을……"이라고 이야기해보세요. 여러분이 원해서 이 시대에 태어난 것이 아닌데도 어른에게 이런 말을 들은 서운한 마음이 전해질 수도 있으니까요. 이것도 '나'를 주어로 대화하는 방법입니다.

아이 취급을 하는 어른이 싫어요

 어른은 무조건 옳다는 식의 태도가 짜증이 나요. 아이 취급을 하는 것도

싫고요. 그래서 어른들이 싫어요.

"아이들은 잠자코 어른들이 시키는 대로 하면 돼." 또는 "어려서 아무것도 모르면서……."와 같이 무시하는 태도로 여러분의 말에 귀를 기울이지 않는 어른들이 많지요? 그런 어른들은 어떻게 대하는 것이 좋을까요? "마음대로 생각하지 마세요!"라고 반박해봤자 똑같은 부류의 사람이 될 뿐이지요. 그런 수준 낮은 '단정 짓기 경쟁'에서 빨리 벗어나야만 해요. 시간 낭비에 지나지 않으니까요.

마음의 여유가 없는 어른에게는 다른 태도를 취해보는 겁니다. 예를 들어, 엄마가 여러분에게 "어려서 아무것도 모르면서……." 라고 말하면, "그렇군요. 엄마는 그렇게 생각하는군요? 그렇게 생각할 수 있지요."라고 차라리 수긍해버리면 어떨까요? 엄마가 하는 말을 긍정도 부정도 하지 말고 그냥 받아들이는 거예요.

단정 짓기 경쟁은 줄다리기와 같습니다. 내가 "마음대로 생각하지 마." 하고 줄을 당기면 상대방도 흥분해서 "어려서 아무것도 모르면서……." 하고 맞받아 당깁니다. 하지만 이쪽에서 "아, 그렇게 생각하는군요."라며 줄을 놓아버리면 상대방은 줄다리기를 계속할 수 없습니다. 어린아이가 "난 뭐든지 다 알아요!"라고 당당하게 말하면, "오, 그래? 대단하네. 뭐든지 다 아는구나." 하고 수긍해주지 않나요? 사실이 아니지만, 아이의 말이니까 그냥 받아주는 것이지요.

마음의 여유가 없는 사람을 여유 있는 마음으로 받아주는 사람이 진정한 어른입니다. '어른들이 다 옳다.'라고 단정 짓는 사람에게 "아, 그렇게 생각하는군요."라고 말할 수 있는 여유를 가지고 있다면 여러분도 이제 어엿한 어른입니다.

부모님
사이가 나빠요

부모님이 사이가 나빠서 늘 싸움만 해요. 언제 이혼한다고 할지 몰라서 불안하고요. 그래서 집에 있기 싫어요.

십대에게 부모님은 매우 중요한 존재입니다. 하지만 어떤 부모님이든지 결점은 있기 마련이고, 아무리 부모님이 싫더라도 다른 사람이 자기 부모님의 험담을 하는 것은 듣기 싫습니다.

이처럼 소중한 부모님의 사이가 좋지 않으면 여러분은 엄청난 스트레스를 받습니다. '엄마가 그래도 조금 나아.' '아빠가 더 좋

아.'같이 한쪽에게 더 친근감을 느낄 수는 있지만, 그렇다고 다른 한쪽을 상관없다고 여기지는 않습니다. 그 정도로 부모님과 여러분의 관계는 복잡하지요.

부모님의 사이가 좋지 않으면 여러분은 정신이 불안정한 상태에서 나름대로의 방법으로 부모님을 지키려고 합니다. 부모님의 사이가 좋아지도록, 혹은 약한 쪽 부모님을 지키기 위해 많은 고민을 합니다. 그래서 부모님의 사이가 좋지 않은 환경에서 자란 경우 스트레스를 많이 받으며 살아갑니다. 때로는 '부모의 부모' 같은 역할을 하기도 하지요.

부모님의 이혼은 여러분의 생활에 매우 큰 변화를 가져옵니다. 갑자기 성이 바뀌기도 하고, 형제와 헤어지거나 멀리 이사를 가기도 합니다. 생활 환경이나 경제 사정뿐 아니라, 주변의 시선도 달라집니다.

한 연구 결과에 따르면, 이혼에 따른 변화는 반 년에서 1년 정도면 대부분 극복할 수 있다고 합니다. 하지만 부모님이 이혼한 후에도 서로 험담이나 싸움을 계속하면 아이도 지속적으로 나쁜 영향을 받는다고 하더군요.

여러분은 부모님 모두에게 결점이 있어도 결국 둘 다 내 부모님이니 서로 헐뜯는 것을 듣고 싶지 않을 거예요. 좌절한 나머지 '나

만 태어나지 않았더라면…….'이라며 자책할 수도 있겠지요. 그럴 때는 용기를 내어 "아빠(엄마)에 대한 험담은 듣고 싶지 않아요."라고 단호하게 말해보세요. 자신의 기분을 전하는 것만으로도 훨씬 마음이 편해질 거예요. 듣는 부모님도 새삼 놀랄지 모릅니다. 여러분을 위한다는 착각에서 상대방을 헐뜯는 경우도 더러 있으니까요.

부모님에게는 부모님만의 인생이 있습니다. 한때는 사이가 좋았던 두 사람이 각자 인생 경험을 쌓아가는 가운데 사이가 나빠지기도 하고, 각기 다른 인생을 선택하기도 합니다. 그런 사실을 깨달을 능력이 있는 십대는 부모님을 사이좋게 만드는 데 힘을 쏟기보다는, 먼저 여러분 자신의 인생을 어떻게 살 것인지 생각하면서 부모님과의 관계를 다시 정립해가야 합니다.

부모님 문제로 고민이 생겼을 때 여러분은 어떻게 문제를 해결하고 있나요? 화나는 일을 잊어보려고 스마트폰이나 게임으로 시간을 낭비하고 있지는 않나요? 친구의 사소한 한마디에 울컥해서 SNS로 공격하거나 다른 형태로 스트레스를 발산하고 있지는 않나요? 그럴 땐 차라리 믿을 수 있는 어른을 찾아가 부모님의 문제에 대해 의논해보면 어떨까요? '믿을 수 있는 어른'이란, 함께 있으면 마음이 편안해지는 사람, 단정 짓지 않고 여러분이 처한 상황을 이해해주는 사람입니다. 선생님, 이모, 고모 등 누구라도 상관없습니다.

아이 때는 누군가와 의논한다는 생각을 하지 못합니다. 자신이 평범한 보통 가정에서 자란다고 생각하기 때문입니다. 그러나 십대가 되면, 자신의 가정과 친구의 가정을 비교하기 시작합니다. 부모님 이외의 사람과 문제를 의논하고, 부모님을 객관적으로 바라볼 수 있느냐 역시 십대에게 주어진 중요한 과제입니다. 언제까지나 의논 상대가 부모님밖에 없으면 진정한 어른이라고는 할 수 없으니까요.

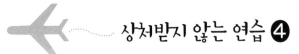

믿을 수 있는 어른을 찾으세요

부모님의 사이가 늘 좋다면 여러분 역시 행복하겠지요. 하지만 부모님도 말다툼을 하거나 싸우는 일이 생기곤 합니다. 이럴 때 여러분은 어떤 생각이 드나요?

1. 부모님이 싸워서 집안 분위기가 좋지 않을 때 나의 기분은 어떤가요?

2. 부모님의 사이가 좋지 않을 때 나는 어떤 식으로 기분을 푸나요?

'믿을 수 있는 어른'이란 함께 있으면 마음이 편안해지는 사람, 내가 처한 상황을 이해해주는 사람입니다. 선생님, 이모, 삼촌 등 누구라도 상관없습니다. 여러분에게는 고민이 있을 때 믿고 찾아가 고민을 털어놓을 수 있는 어른이 있나요?

> **내가 고민이 있을 때 찾아가는 '믿을 수 있는 어른'은 (   )이다.**

왜냐하면

'믿을 수 있는 어른'에게 지금 자신의 고민을 어떻게 말하고 의논할지 아래에 써봅시다.

> **나의 고민**

 〈tip〉 십대는 어릴 때와는 달리 제3자와 문제를 의논할 수 있는 나이입니다. 부모님 이외의 사람과 의논하고, 부모님을 객관적으로 바라볼 수 있느냐 역시 십대의 중요한 과제랍니다.

제 5 장

상처받지 않도록 생각을 바꾸는 방법

누구나 가지고 있는 사춘기의 고민을 넘어
복잡한 문제에 휘말리거나 마음의 병이 생긴 사람들이
더 이상 상처받지 않도록, 마음이 부서지지 않도록
생각을 바꾸는 방법이 있어요

누구나 가지고 있는 사춘기의 고민을 넘어 매우 심각한 상황에 처한 십대들도 있습니다. 복잡한 문제에 휘말린 사람, 스트레스 때문에 마음의 병이 생긴 사람, 계속해서 자신과 다른 사람에게 상처를 주는 사람도 있습니다.

5장에서는 '어려운 문제에 직면했을 때 상처받지 않도록 생각을 바꾸는 방법'에 대해 이야기해볼게요.

마음의 병에 걸렸어요

십대들도 우울증이나 섭식장애(거식증이나 과식증 등)와 같은 '마음의 병'에 걸릴 수 있습니다. 여기서는 마음의 병에 대해 자세하게 이야기하기보다, 마음의 병에 걸렸다는 사실을 어떻게 받아들여야 할지에 대해 설명하겠습니다.

원칙1에서 부정적인 감정에도 제 역할이 있다고 말했는데, 마음의 병도 마찬가지입니다. 물론 아프고 괴롭지만 병에 걸리는 것도 의미(역할)가 있습니다. '생활방식을 바꿔라.'라는, 몸이 보내는 메시지이기 때문입니다. 마음의 병은 스트레스를 받거나, 자신을 피곤하게 하는 생활방식에서 좀 더 자신을 소중히 하는 생활방식으로 바꿀 필요가 있다는 사실을 알려줍니다.

마음의 병에 걸리면 절망에 빠지거나 자신을 부끄럽게 생각하기도 합니다. '왜 이렇게 되었을까?' 하고 운명을 탓하기도 하지요. 그러나 마음의 병에 걸렸다는 것은 생활방식을 바꿀 때라는 사실을 잘 기억하기 바랍니다. 늘 '다른 사람은 나를 어떻게 생각하고 있을까?'를 먼저 생각했다면, 이제부터는 '나는 나를 어떻게 생각하고 있지?'를 먼저 생각하고 행동하면 쉽게 회복될 수 있습니다.

마음의 병뿐만이 아닙니다. 어떤 병이든 병은 '나를 더욱 소중히 생각해줘.'라는, 몸이 보내는 메시지입니다.

왕따를 당하고
있어요

지금 누군가에게 왕따를 당하고 있다면, 믿을 수 있는 어른과 의논하는 것이 문제 해결의 첫걸음입니다. 하지만 "왕따를 당했으면 되갚아줘." 또는 "왕따를 당하는 너에게도 문제가 있는 게 아닐까?"라든지 "선생님에게 말해서 반드시 사과를 받아낼 거야." 같은 반응을 보이는 어른은 의논 상대로 알맞지 않습니다. 왕따를 당한 당사자가 원치 않는 방법으로 문제를 해결하려고 하거나, 왕따 문제가 오히려 더 심해질 수 있기 때문이지요.

왕따 문제는 상황에 따라 작전을 잘 세워서 냉정하게 대처해야 합니다. 그러므로 왕따를 당하는 사람의 마음을 진심으로 걱정해 줄 수 있는 사람을 찾아가세요.

왕따로 상처받은 마음을 어떻게 치유하면 좋을까요? 왕따는 대부분 왕따를 시키는 사람에게 문제가 있지, 왕따를 당하는 사람에게는 문제가 없습니다. 그런데도 왕따를 당하는 사람은 그 이유를 자신에게서 찾으려 합니다. 왕따를 당한 경험 때문에 사람을 두려워하거나 남의 눈을 극도로 신경 쓰기도 하고요.

왕따 문제는 원칙4(충격을 받으면 자신감을 잃는 게 당연해요)에서

왕따는 왕따를 시키는 쪽의 마음에 병이 생겨서 일어나는
현상이며, 왕따를 당하는 쪽에는 문제가 없다는
사실을 반드시 이해하기 바랍니다
왕따는 결코 정상적인 행위가 아닙니다

말한 충격 중에서도 특히 큰 충격입니다. 더 이상 상처받고 싶지 않은 마음에 '나의 어떤 점이 잘못된 것일까?' '왜 왕따당하는 거지?' '나의 어떤 모습이 남들과 다를까?'에 대해 깊이 생각하곤 합니다. 하지만 아무리 생각해도 답을 찾을 수 없습니다. 그래서 결국 '나는 틀림없이 어딘가가 부족한 아이야.' '나는 틀림없이 남을 불쾌하게 만드는 사람일 거야.' '나는 이 세상에 태어나지 말았어야 해.'와 같이 자신에 대해 부정적인 결론을 내리게 되지요. 그렇지 않으면 이렇게 심하게 왕따를 당할 리 없다고 생각하기 때문입니다.

자신에 대해 부정적인 결론을 내리고 나면 그 후로도 '사람이 두려워.' '나는 무엇을 해도 어차피 안 돼.' '아무도 나를 믿어주지 않을 거야.'라며 절망에 빠지게 됩니다. 특히 인격이 형성되는 시기에 왕따를 당하면 '남들이 싫어하는 형편없는 나, 사람대접 못 받는 형편없는 나'라는 자의식이 마음속 깊이 새겨지게 됩니다.

왕따는 왕따를 시키는 사람이 그때그때 기분에 따라 하는 행동일 뿐이며, 사람이 절대로 해서는 안 되는 행동입니다. 먼저 여러분에게는 문제가 없다는 사실, 어디까지나 왕따를 시키는 사람에게 문제가 있다는 사실을 먼저 깨달아야 합니다. 왕따는 왕따를 시키는 사람의 마음에 병이 생겨서 일어나는 현상이며, 왕따를 당하는 사람에게는 문제가 없다는 사실을 반드시 기억하기 바랍니다.

그래도 '내가 분위기 파악을 못해서 왕따당하는 게 아닐까?'라고 생각하는 사람이 있나요? 그렇다면 분위기 파악을 못한다는 이유로 남을 괴롭힌 적이 있는지 가슴에 손을 얹고 생각해보세요. 분위기 파악을 못하는 친구에게 가끔 핀잔을 줄 수는 있지만 그렇다고 심하게 괴롭힐 수 있을까요? 오히려 '그렇게 분위기 파악을 못하면 그 친구도 힘들거야.' 하고 동정하지 않을까요?

'나는 왕따당해도 어쩔 수 없다.'라는 생각이 들 때는 입장을 바꿔보세요. 왕따는 결코 정상적인 행동이 아니라는 사실을 깨달을 수 있습니다.

부모님이 마음의 병에 걸렸어요

부모님이 우울증이나 알코올 의존증과 같은 마음의 병에 걸리면 여러분이 바라는 부모님이 되기는 물론 어렵습니다. 그래서 부모님으로서 해서는 안 되는 행동을 하고, 여러분에게 걱정을 끼치거나 상처를 주기도 합니다.

마음의 병도 병이기 때문에 혼자만의 힘으로는 나을 수 없습니다. 그러므로 전문가의 도움을 받아 마음의 병을 치료하는 것이 중요합니다. 부모님이 치료를 시작하면 여러분도 의사 선생님의 도움을 받을 수 있고, 필요에 따라 상담도 받을 수 있습니다.

실제로 부모님들은 자신이 마음의 병에 걸렸다는 사실을 좀처럼 인정하지 않고, 치료를 거부하는 경우가 많습니다. 하지만 부모님의 마음의 병 때문에 우리 아이 역시 마음의 병을 앓게 되었다는 것을 알고 나면 부모님도 자기 마음이 병들었다는 사실을 인정하게 됩니다. 아이가 병에 걸리면 부모님은 어떻게든 그 병을 고치려고 노력하니까요.

그러므로 부모님 때문에 좌절감, 불안감이 생겼거나, 공부에 집중하지 못할 때는 학교 상담 선생님에게 도움을 요청해보세요. 전문가도 어른에게 "당신은 마음의 병에 걸렸습니다. 그래서 치료를 받아야 해요."라고 설득하기 어렵습니다. 그런 일을 여러분이 한다는 것은 쉽지 않습니다. 여러분이 할 수 있는 일은 내 가정에 문제가 있다는 사실을 누군가와 의논하는 정도입니다. 나머지는 어른이나 전문가의 몫입니다.

제3자에게 부모님의 문제를 털어놓는 것이 부모님에게 미안한 행동이라고 생각할 수도 있습니다. 쓸데없는 짓을 했다고 부모님이 화를 낼 수도 있고요. 하지만 병을 앓고 있는 사람은 어려움에 처한 사람이기 때문에 누구보다도 도움이 필요합니다. 그러나 자신이 마음의 병에 걸린 사실을 인정하지 못하기 때문에 계속 힘들고 어려운 상황에 놓여 있게 되는 것입니다. 그럴 때 제3자와 의논한다는 것은 이런 답답한 문제를 해결할 수 있는 첫걸음이므로 부모님에게도 반드시 도움이 됩니다.

전문가의 도움을 받는다고 해서 마음의 병이 바로 낫지 않을 수 있습니다. 하지만 도움을 받지 않으면 부모님은 앞으로도 계속 마음의 병이나 마음의 병 때문에 나타나는 문제를 안고 살게 됩니다. 그런 상태로는 부모님도, 여러분도 서로에게서 독립하지 못합니다. 부모님에게는 부모님의 삶이, 여러분에게는 여러분의 삶이 있다는 것을 명확하게 하고 소통한다면 어른이 되어서도 부모님과 관계를 건강하게 이어갈 수 있습니다.

학대를 당하고 있어요

십대가 되면 부모님의 학대도 그 형태가 달라집니다. 어

릴 때는 부모님이 체력적으로 우세하다 보니 신체적 폭력이 많습니다. 방임, 즉 어린아이를 보살피지 않고 나쁜 환경이나 위험한 상황에 방치하는 경우도 있고요. 그러나 십대가 되면 신체적으로 자녀를 제압하기 힘듭니다. 그래서 차츰 정신적 폭력으로 바뀌거나, 혹은 자녀가 사춘기에 접어들면서 성적 폭력이 발생하기도 합니다.

어릴 때는 '우리 부모님은 엄격해.' 정도로 생각하다가 십대 후반 무렵에야 자신이 학대받는 것이 아닐까 생각하기 시작하는 사람이 많습니다. 하지만 가정 교육과 학대는 전혀 다르다는 사실을 분명히 해야 합니다.

가정 교육이란, 아이에게 해도 되는 행동과 해서는 안 되는 행동을 알려주는 것입니다. 예를 들면, 남에게 선물이나 물건을 받았을 때 감사의 말을 전하는 습관은 상대방이 누구든 간에 좋은 인상을 남깁니다. 그런 예절이나 습관을 제대로 가르치는 것이 가정 교육의 역할입니다.

반면 부모님의 기분이 좋을 때는 잘해주다가도 갑자기 화를 내거나 폭력을 휘두른다면 학대입니다. 부모님의 기분에 따라 기준이 달라지기 때문에 아이는 무엇이 옳고 그른지 알 수 없습니다. 행동에 일관성이 없어서 늘 부모님의 안색을 살펴야 합니다. 어떨

때는 부모님의 말이 앞뒤가 맞지 않기도 합니다.

학대가 아닐까 의심이 든다면, '부모님은 나에게 도대체 무엇을 가르쳐주려는 걸까? 이런 교육 방식이 과연 적절한 것일까?'라고 곰곰이 생각해봐야 해요.

부모님의 학대를 받고 자란 십대는 비행 청소년이 되기 쉽습니

다. 가족에게 소중한 대접을 받지 못한 사람이 자신을 소중히 여길
수 없는 것은 어쩌면 당연한 일이 아닐까요?

요즘은 가정 폭력과 학대에 대한 인식이 많이 확산되어 도움을
받을 수 있는 기관도 많습니다. 가까운 곳부터 찾는다면 학교 상담
선생님이나 양호 선생님과 의논해보세요. 의논을 할 때에는 먼저
"용기를 내서 털어놓는 것이니 비밀을 지켜주실 수 있나요?"라고
꼭 물어보기 바랍니다. 선생님이 부모님에게 바로 연락을 하면 여
러분이 오히려 힘들어질 수 있기 때문입니다.

안전한 비밀상담을 받고 싶다면 '청소년사이버상담센터'를 추
천합니다. 십대에게 친숙한 인터넷을 활용하여 가족 갈등은 물론
이고 교우관계, 가출, 인터넷 중독, 진로 및 학업 문제로 고민하는
청소년들에게 도움을 주고 있습니다. 다급하게 도움을 요청해야
할 때는 24시간 운영되고 있는 '1388'로 전화해보세요.

이제는 부모님이 여러분을 심하게 야단치는 행동은 당연한 일
이 아닙니다. 더군다나 학대는 엄연한 위법이라는 인식이 사회적
으로 널리 퍼져 있습니다. 하지만 여전히 아주 심각한 상황이 아니
라면 경찰에게 알리기가 쉽지 않습니다. 부모님에게 학대받는 사
실이 남에게 알려지는 게 수치스럽게 느껴질 수도 있고, 부모님을
신고하는 행동에 죄책감이 들 수도 있기 때문이지요.

요즘 영국을 중심으로 해외에서는 학대라는 말 대신, '도움을 필요로 하는'이라는 표현을 쓰기 시작했습니다. 즉, 부모님은 아이가 미워서 학대하는 것이 아니라, 부모님 자신이 도움을 필요로 하는 상태이기 때문에 제대로 양육을 할 수 없다고 보는 것이지요.

그렇게 보면 원칙2(화를 내는 사람은 어려움에 부딪친 사람이에요)의 최악의 형태가 학대라고 할 수 있습니다. 그러니 자기 가정의 문제를 누군가에게 알리는 것은 부모님에게도 도움이 된다는 사실을 명심해야 해요. 먼저 여러분의 안전을 확보하고 건강하게 자라는 것이 진정한 효도라는 사실을 기억하기 바랍니다.

등교거부(부등교)를 하고 있어요

옛날에는 '등교거부'라고 하면 강한 의지와 소신 때문에 학교에 가길 거부하는 것처럼 생각했습니다. 하지만 요즘은 '거부'의 차원을 넘어, 학교와 친구에게 '공포'를 느껴서 학교에 가지 않는 경우가 많습니다. 그래서 일본에서는 '등교거부' 대신 '부등교(不登校)'라는 중립적인 말을 쓰고 있습니다.

일본에서는 공립 적응지도교실을 설치해 학교에 가지 않는 아이들을 돕고 있습니다. 학교에 가지 않는 이유는 학대나 왕따로 인해 인간관계에 두려움을 느끼기 때문입니다. 그런 아이들은 적응지도교실처럼, 소수의 인원으로 조용한 곳에서 공부할 수 있는 환경을 마련해주어야 합니다.

어떤 형태로 십대를 보내든지 반드시 기억해야 할 사실이 있습니다. 바로 "모든 아이들은 각기 다른 방식으로 배운다(Every child learns differently)."라는 명언이지요. 일반 학교가 맞는 아이가 있는가 하면, 적응지도교실이 맞는 아이도 있습니다. 또한 '홈스쿨링(가정에서 부모가 가르치는 것)'이 맞는 아이도 있습니다. 학원에서 공부해 고등학교 검정고시에 합격하는 아이도 있고요.

우리나라에서는 학교에 가지 않는 아이를 문제시하지만, 미국에서는 '그 아이에게 맞는 교육을 제공하지 못하기 때문에' 아이들이 학교에 가지 않는다고 생각합니다. 학교에 가지 않는 아이가 문제가 아니라, 그 아이에게 맞는 교육을 제공하지 못한 사회가 문제라고 보는 것입니다.

여러분 중에 만일 학교에 가지 않는 사람이 있다면, 그것은 지금의 교육 방식이 나와 맞지 않을 뿐이라는 사실을 기억하세요. '아직 학교에 가지 못한다'가 아니라, '아직 나에게 맞는 학교를 찾지 못했다.'라고 생각하는 것이지요. 예전에 왕따를 당했던 경험 때문에 그 후로도 계속 사람이 두렵다면 일단 마음의 상처부터 치유해야 합니다. 여러분에게는 그런 교육을 원할 권리가 있습니다.

초등학교 고학년부터 중학교까지는 왕따가 가장 심하고 친구들

의 구속도 많은 시기입니다. 결국 친구들을 따라가지 못하면 있을 곳이 없어지는 시기라는 것이지요. 만일 그 시기에 학교에 갈 수 없는 상황이라면, 다른 곳에서 또래 친구와 만나서 함께 공부할 수 있을 때까지 집에서 스스로 공부하면 됩니다.

전에 등교를 하지 않았는데 지금은 하고 있나요? 그렇다면 전에 학교에 가지 못했다는 사실에 초점을 두지 말고, 지금 학교에 갈 용기를 낸 스스로를 대견하게 생각하기 바랍니다. 이처럼 '하지 못했던(하지 못하는) 것'보다 '할 수 있게 된 것'을 바라보면 자신을 더욱 소중하게 생각할 수 있습니다.

자해 행동에서 벗어나고 싶어요

자해(리스트컷, 자신의 손목을 긋는 행위)는 원칙4의 충격과 매우 관계가 깊습니다. 많은 사람들이 심한 충격을 받으면 너무나 괴로운 나머지 자해를 합니다. 죽고 싶어서 손목을 긋는 사람도 있지만, 대부분은 어떻게든 살아남기 위한 행동을 하는 것이지요.

정신적으로 매우 괴롭고 힘든 처지에 몰렸을 때 자해를 하면 마음이 조금이나마 편해진다고 합니다. 이는 '해리(解離)'라고 불리는 현상인데, 너무 괴로울 때 자해를 하면 의식이 흐려집니다. 극도로 긴장했던 마음이 조금 풀어지는 듯한 느낌이라고 할까요? 이런 사람들은 자해를 해도 통증을 느끼지 못하는 경우가 많습니다.

그와는 정반대인 경우도 있습니다. 너무 괴로울 때 자동적으로 '해리 현상'이 일어나서 자신이 살아 있는지 죽었는지조차 모르는 이상한 정신 상태에 놓입니다. 이때 통증을 느끼거나, 붉은 피를 봄으로써 자신이 살아 있음을 확인하고 안심하는 경우입니다.

또한 심한 충격을 받아 '나는 구제불능'이라는 마음이 강하면 강할수록 어떻게든 자신을 상처 입히지 않고는 견딜 수 없는 사람도 있습니다.

이처럼 실제로 자해를 하는 십대의 대부분은 학대나 왕따와 같은 충격을 경험했다고 합니다. 지금은 아픔을 겪고 있지 않아도 어떤 계기로 다시 충격을 받으면 마음의 상처가 심하게 자극받습니다. 누군가의 한마디 말이 계기가 되거나, 예전과 비슷한 상황이 일어날 때도 마찬가지입니다. 다른 생각을 하고 있는데 갑자기 힘들었던 과거가 떠올라서 괴로울 수도 있고요.

자해에서 벗어나기 위해서는 자신이 받은 충격을 제대로 인식하는 것에서 출발해야 합니다. 자해를 하는 자신을 끔찍하게만 여

기지 말고 무엇 때문에 충격을 받았는지 침착하게 떠올려보세요. 이 과정을 통해 인간적으로도 성장할 수 있습니다. 대부분의 사람들이 '원래 나는 구제불능'이라는 의식을 가지고 있다가, 그것을 떠올리는 상황이 닥치면 충격을 받아 자해를 한다고 합니다. 누군가에게 충격적인 말을 들었을 때뿐 아니라, 다른 사람의 눈부신 활약을 보고 충격을 받을 수 있습니다.

충격을 받았을 때는 우선 '아, 이것이 바로 그 충격이구나.'라고 인식하고, 충동적으로 행동하거나 결정을 내리지 마세요. 최대한 평소대로 생활하도록 노력하는 게 중요합니다. 그리고 '횡적 비교'가 아닌 '종적 비교'를 하면서 자기 안에 거센 폭풍이 지나가는 것을 기다리는 습관을 들이자고요.

아이에서 어른이 되는 십대는 몸과 마음이 급격하게 변화하는 중요한 시기입니다. 이 시기에는 이전까지 경험하지 못한 많은 일들을 접하게 됩니다. 그래서 원치 않는 일이 일어나거나 어려움에 부딪쳐서 고민에 빠지기도 하고, 마음에 상처를 받기도 합니다.

하지만 이 책을 통해 '상처받지 않는 마음'을 길러둔다면 여러분의 십대가 지금보다 멋지고, 빛날 수 있을 거예요. 그리고 어른이 되어서도 나답게, 즐겁게 살아갈 수 있을 것입니다.

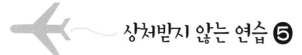

상처받지 않는 연습 ❺

혼자 고민하지 말아요

가출이나 학대, 왕따 문제, 정서발달장애 등의 문제가 생겼을 때는 혼자 고민하지 마세요. 가능하면 전문가의 도움을 받는 것이 좋습니다. 물론 처음부터 이런 일이 생기지 않는 것이 가장 좋겠지요. 여러분에게 위급한 상황이 발생했을 때 도움을 요청할 수 있는 곳을 소개합니다.

사이버1388 청소년상담센터(https://www.cyber1388.kr)
1388 또는 지역번호+1388로 전화하면 상담받을 수 있습니다. 문자(#1388), 카카오톡(카카오톡 플러스 친구에서 #1388과 친구맺기), 사이버상담(홈페이지에 접속해 채팅상담 실시)으로도 이용할 수 있습니다. 이용료는 무료이며, 24시간 365일 운영됩니다.
- 교우관계, 학업성적, 진로 등 고민이 있을 때
- 가정·학교 폭력, 성폭력·성매매 피해 등을 당했을 때
- 가출해서 갈 곳이 없을 때
- 청소년 자녀를 둔 학부모가 자녀와의 관계에서 고민이 있을 때
- 청소년 구조 등 기타 도움이 필요할 때

한국청소년상담복지개발원(https://www.kyci.or.kr)
청소년들의 건강한 성장과 밝은 미래를 위해 다양한 상담복지사업을 수행하고 있는 여성가족부 산하 공공기관인 한국청소년상담복지개발원에서는 전국 400여 개의 청소년상담복지센터와 200여 개의 학교밖청소년지원센터(청소년지원센터 꿈드림)를 운영하고 있습니다.

청소년상담복지센터에서는 면접상담, 사이버상담, 심리검사 등 전문적인 상담 서비스를 받을 수 있습니다. 또한 학교밖청소년지원센터(http://www.kdream.or.kr)에서는 학교 밖 청소년들의 새로운 출발을 지원하고 있어요. 개인적 특성과 상황을 고려해 상담과 교육, 직업 체험과 취업 지원, 자립 지원 프로그램 등을 운영합니다. 홈페이지에서 여러분이 사는 지역과 가까운 센터를 찾아볼 수 있습니다.

학업중단숙려제

일본의 적응지도교실처럼 우리나라에도 등교거부 및 학업 중단 위기에 놓인 청소년을 위한 제도가 있습니다. 학업 중단 징후 또는 중단 의사를 밝힌 학생과 학부모에게 2주 이상의 적정 기간 동안 숙려할 수 있는 기회를 부여하는 제도입니다. 다양한 프로그램을 지원하여 학업 중단을 신중하게 생각해보도록 돕는 것이지요. 학교와 교육청, 그리고 지역사회가 협력해 체계적인 진로 지도를 합니다.

숙려제 프로그램은 심리·진로 상담, 진로·직업 체험, 문화·예체능 활동, 여행까지 학업 중단을 신중하게 생각하기 위해 필요한 다양한 교육적 활동으로 구성됩니다.

Wee 프로젝트(http://www.wee.go.kr)

Wee 프로젝트는 학교, 교육청, 지역사회가 연계하여 학생들의 건강하고 즐거운 학교 생활을 지원하는 통합지원 서비스망입니다. 학습 부진 및 학교 부적응 학생뿐만 아니라 일반 학생을 대상으로 무료 서비스를 제공하고 있습니다.

Wee 프로젝트에는 크게 세 분야가 있습니다. 'Wee 클래스'는 고민을 이야기할 수 있는 항상 열려 있는 학생들의 쉼터입니다. 'Wee 센터'는 다양한 전문가들이 있는 상담센터입니다. 'Wee 스쿨'은 기숙하면서 교육, 치유, 적응을 도와주는 장기위탁교육기관입니다. 이 프로그램들은 클래스 운영 담당자, 담임 선생님과 상의해 받으면 됩니다. Wee 클래스와 Wee 센터의 이용시간은 보통 평일(월~금) 오전 9시부터 저녁 6시까지 입니다. 다만 지역별로 차이가 있으므로 전화해서 정확한 운영 시간을 알아보세요.

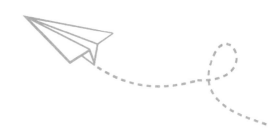

십대, 상처받지 않는 연습

마음의 근육을 키우는 여섯 가지 원칙

초판 1쇄 펴낸날 2016년 5월 26일
초판 3쇄 펴낸날 2018년 11월 14일

지은이 | 미즈시마 히로코
옮긴이 | 황혜숙
그린이 | 고고도
펴낸이 | 홍지연
펴낸곳 | 도서출판 우리학교

편집 | 김영숙 김나윤 이혜재 정아름 김민정
디자인 | 김민경
마케팅 | 이송희
관리 | 김세정
인쇄 | 에스제이 피앤비

펴낸곳 | 도서출판 우리학교
출판등록 | 제313-2009-26호(2009년 1월 5일)
주소 | 03992 서울시 마포구 동교로23길 32 2층
전화 | 02-6012-6094
팩스 | 02-6012-6092
이메일 | woorischool@naver.com

ISBN 979-11-87050-07-0 43180

이 도서의 국립중앙도서관 출판예정도서목록(CIP)은 서지정보유통지원시스템 홈페이지
(http://seoji.nl.go.kr)와 국가자료공동목록시스템(http://www.nl.go.kr/kolisnet)에서
이용하실 수 있습니다.(CIP제어번호: CIP2016011717)